Julie Hasler

Kreuzstich Katzen

Nach Zählvorlagen leicht gestickt

Augustus Verlag

Die Deutsche Bibliothek – CIP-Einheitsaufnahme
Kreuzstich Katzen : nach Zählvorlagen leicht gestickt /
Julie Hasler. [Übers. aus dem Engl.: Hubert Roth]. –
Augsburg : Augustus-Verl., 1995
ISBN 3-8043-0363-3

Die englische Originalausgabe erschien bei Merehurst Ltd.,
London, unter dem Titel:
Cuddly Cats & Kittens

Übersetzung aus dem Englischen: Hubert Roth, Augsburg
Fotografie:Marie-Louise Avery
Illustrationen: John Hutchinson
Lektorat der deutschen Ausgabe: Helene Weinold
Umschlaggestaltung: Christa Manner, München
Layout: Maggie Aldred

Augustus Verlag Augsburg 1995

Satz: satz-studio, Bäumenhein
Reproduktion: Fotographics Limited, UK-Hong Kong
Druck und Bindung: Himmer, Augsburg
Gedruckt auf 120 g umweltfreundlich
elementar chlorfrei gebleichtem Papier.
Printed in Germany
ISBN 3-8043-0363-3

INHALT

EINFÜHRUNG

Der Kreuzstich war einst die Lieblingsstickerei unserer Urgroßmütter. Jetzt erfreut er sich wieder zunehmender Beliebtheit und schmückt Wohntextilien, Wäsche und Kinderkleidung. So gut wie jedes Motiv eignet sich für diese Art von Stickerei – und kaum eines besser als die allzeit gern gesehene Katze. Deshalb bietet Ihnen unser Buch eine Auswahl von hübschen und kurzweiligen Katzen-Handarbeiten, die Kissen, Fotorahmen, Geschirrtücher, Grußkarten, Briefbeschwerer und vieles mehr umfaßt.
Der Kreuzstich ist ausgesprochen einfach; nur wenige Grundregeln sind zu beachten, und schon kann man sich an jedes Motiv heranwagen. Wie bei jedem Handwerk macht auch hier die Übung den Meister, und Sie werden sehen, wie schnell Sie es zur Meisterschaft bringen können.
Zu jedem Stickmotiv gibt es ein genaues Zählmuster, dazu eine Aufstellung der benötigten Farben und eine ausführliche Arbeitsanleitung. Zudem vermittelt Ihnen der Abschnitt „Grundtechniken" alle wichtigen Handgriffe beim Kreuzstich – vom Vorbereiten und Aufspannen des Stoffes auf einen Stickrahmen bis hin zum Aufziehen der Stickbilder auf Pappe.
Einige unserer Motive sind ausgesprochen einfach und für den Anfänger gedacht, während andere eine größere Herausforderung darstellen. Mit ihren vielen Farben und Schattierungen wenden sie sich eher an Fortgeschrittene und an diejenigen, die es in der Kunst des Kreuzstichs zur Meisterschaft bringen möchten.
Gleichgültig, wie weit Ihre Fertigkeiten oder Ihr Interesse reichen: es wird Ihnen einfach Spaß machen, Ihre Lieblingsmotive selbst zu sticken. Anregungen dazu bietet Ihnen dieses Buch in Hülle und Fülle. Es ist für Erwachsene und Kinder aller Altersstufen geeignet.

Grundtechniken

Ehe Sie beginnen

Den Stoff vorbereiten

Selbst bei schonendem Umgang mit dem Material neigen gleichmäßig gewebte Stoffe oft dazu, an den Kanten auszufransen. Ratsam ist es deshalb, vor dem Sticken die Ränder mit einfachem Nähgarn zu umstechen.

Anleitungen

Für jedes Modell ist zunächst das erforderliche Material aufgelistet. Sämtliche Motive werden auf Stoffe wie Aida, Linda oder Lugana (Hersteller: Zweigart) gestickt. Die Maße enthalten eine Rundum-Zugabe von mindestens 3 cm, damit Sie den Stoff problemlos in einen Stickrahmen einspannen und die Kanten zum Schutz gegen Ausfransen sichern können.
Gestickt wird mit Sticktwist. Die Farben für jedes Motiv sind in einer Tabelle aufgeführt. Normalerweise genügt je Farbe ein Strang Sticktwist; wird mehr Garn benötigt, findet sich bei den Materialangaben ein entsprechender Hinweis.
Alle Modelle wurden mit DMC-Sticktwist gearbeitet, jedoch sind in den Farbtabellen die entsprechenden Nummern für Anchor-Garn (Coats Mez) angegeben. Die Farbtöne können allerdings leicht differieren. Manchmal ist es nicht möglich, exakt den gleichen Ton im Sortiment zweier Hersteller zu finden.
Das Sticken nach Zählmustern, besonders solchen, in denen mehrere Symbole dicht nebeneinander liegen, ist weniger mühsam, wenn Sie mit einer vergrößerten Vorlage arbeiten, in der die Quadrate und Symbole deutlicher zu erkennen sind. Für ein paar Pfennige kann man in vielen Fotokopierläden die Zählmuster vergrößern lassen. Noch einfacher wird das Zählen, wenn Sie die Vorlage entsprechend den Symbolen mit Buntstiften farbig ausmalen.
Markieren Sie vor dem Sticken – den Pfeilen im Zählmuster entsprechend – die Mitte des Motivs mit Hilfe zweier senkrecht bzw. waagrecht verlaufender Heftfadenlinien auf dem Stoff.
Die im Zählmuster markierten und in den Stoff gehefteten Mittellinien dienen als Orientierungshilfen zum Auszählen der Quadrate und Gewebefäden und damit zum exakten Plazieren des Motivs.

Sticken mit dem Rundrahmen

Für das Besticken kleiner Flächen wird am häufigsten der Rundrahmen aus zwei ineinander steckenden Ringen (Tamburierrahmen) benutzt. Der äußere Ring besitzt in der Regel eine Stellschraube, mit deren Hilfe der Stoff straff gespannt werden kann. Rundrahmen sind in unterschiedlichen Größen mit Durchmessern von 10 cm bis 38 cm erhältlich und oft mit einer Tischhalterung oder einem Bodenständer ausgestattet.

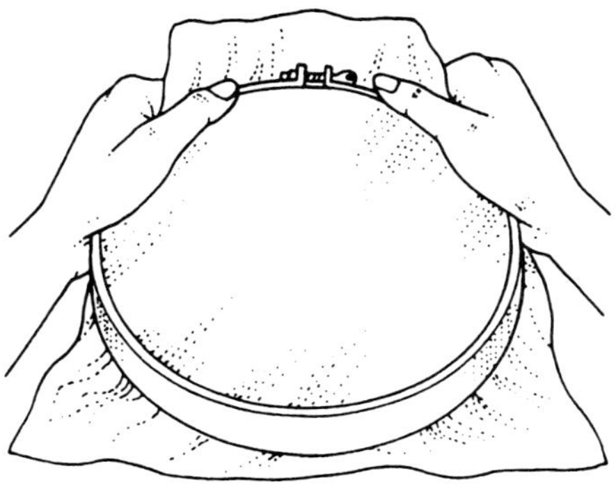

1 Legen Sie die Fläche, die bestickt werden soll, über den inneren Ring und schieben Sie den äußeren Ring mit gelockerter Stellschraube darüber. Zur Vermeidung von Druckstellen kann man ein Blatt Seidenpapier über den Stoff legen, mit einspannen und das Papier nach dem Festziehen der Stellschraube über der zu bestickenden Fläche wieder abreißen.

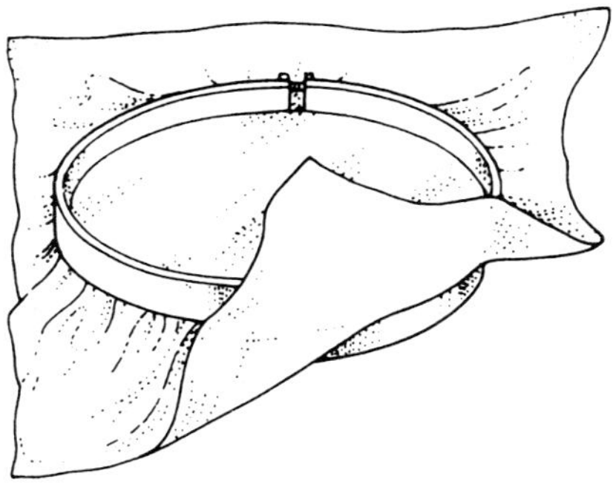

2 Vor dem Festziehen der Stellschraube den Stoff glätten und – falls erforderlich – den Fadenlauf gerade ausrichten. Das Material sollte gleichmäßig gespannt sein.

Sticken mit dem Viereck-Rahmen

Viereckige Rahmen, sogenannte Leistenspannrahmen, sind für größere Stickarbeiten besser geeignet. Sie bestehen aus zwei Rollen, auf denen der Länge nach ein robustes Band befestigt ist, und zwei flachen Seitenleisten, die durch Schlitze in den Rollen geschoben und mit Zapfen oder Schrauben verankert werden. Leistenspannrahmen sind in unterschiedlichen Größen, auch mit verstellbarem Bodenständer oder Tischhalterung erhältlich. Die Größe wird von der Länge bzw. Breite der mit Band ausgestatteten Rolle bestimmt und liegt zwischen 30 cm und 68 cm.

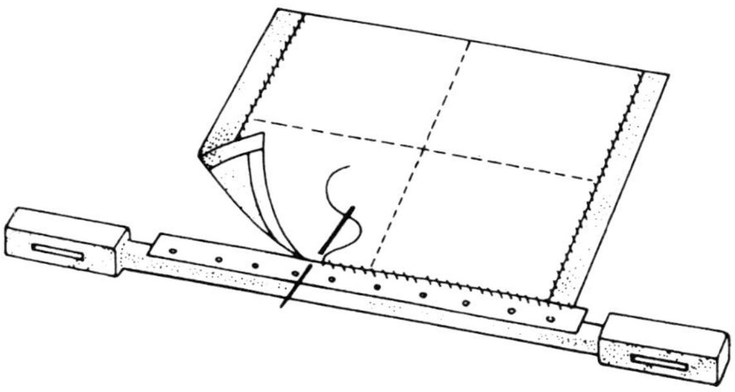

Als Alternative zum Leistenspannrahmen kann man sich auch mit einem Keilrahmen für Künstlerleinwand, einem Batikrahmen oder der Rückseite eines ausgedienten Bilderrahmens behelfen. In diesem Fall schlägt man einfach – vorausgesetzt die Stoffzugabe rund um die fertige Stickerei reicht aus – die Kanten einmal um und fixiert sie mit Reißnägeln oder Heftklammern am Rahmen.

1 Schneiden Sie zum Sticken im Leistenspannrahmen den Stoff in Größe der fertigen Stickerei plus eine Rundumzugabe von 5 cm zu. Die Ober- und Unterkante 12 mm breit umschlagen und heften, und auf die beiden Seitenkanten ein 2,5 cm breites, robustes Band aufsteppen. Anschließend die beiden Mittellinien mit Heftstichen markieren. Nähen Sie nun mit kräftigem Faden und von der Mitte nach außen arbeitend die Ober- und Unterkante am Stickrahmenband fest. Die Seitenleisten in die Schlitze schieben und überschüssigen Stoff auf eine der beiden Rollen aufwickeln, bis die Stickfläche straff gespannt ist.

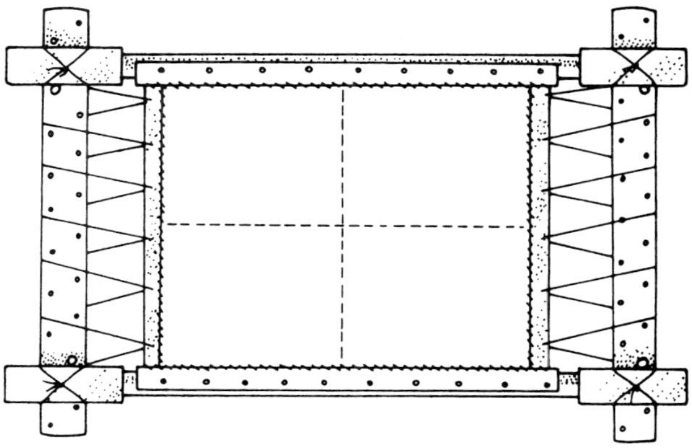

2 Die Zapfen einschieben bzw. die Schrauben so fest anziehen, daß der Rahmen zusammenhält. Fädeln Sie nun in eine Nadel mit großem Öhr (Teppich-Nadel) einen kräftigen Faden oder eine dünne Schnur, schnüren Sie die mit Band besetzten Seitenkanten zickzackförmig und in Abständen von 2,5 cm an den Seitenleisten so fest, daß der Stoff dabei gleichmäßig gespannt wird (siehe Abbildung) und verknoten Sie Faden- oder Schnurende fest an den Rahmenecken.

Anstückeln

Kleine Stücke Stickereistoff, beispielsweise für Lesezeichen, lassen sich für das Einspannen in einen Rundrahmen ohne weiteres anstückeln.

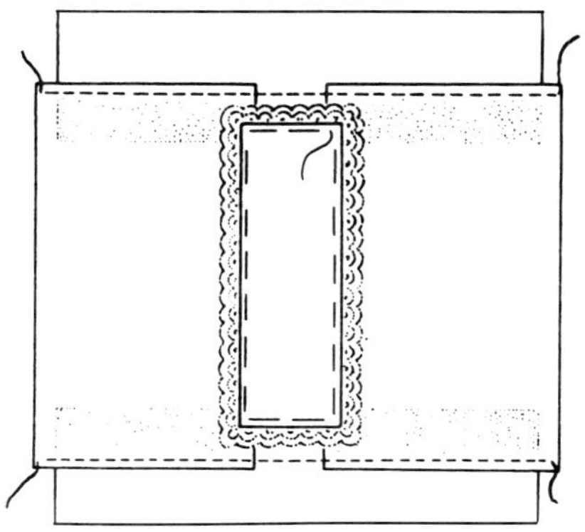

Verwenden kann man dafür Stoffreste ähnlicher Qualität. Schneiden Sie einfach vier Stücke in passender Größe zurecht, heften Sie sie der Abbildung entsprechend an den Stickereistoff und spannen Sie dieses „Patchwork" wie gewohnt in den Rundrahmen.

Schnittmuster vergrößern

Um ein Schnittmuster zu vergrößern, brauchen Sie kariertes Papier mit Ein-Zentimeter-Raster, ein Lineal und einen Bleistift. Wenn der Maßstab beispielsweise 1:5 betragen soll, ein Zentimeter-Karo der verkleinerten Vorlage also fünf Zentimetern im Original entsprechen soll, zeichnen Sie zunächst das Fünf-Zentimeter-Raster auf. Übertragen Sie die Zeichnung nun Karo für Karo auf das größere Raster. Gerade Linien ziehen Sie mit dem Lineal, abgerundete freihändig.

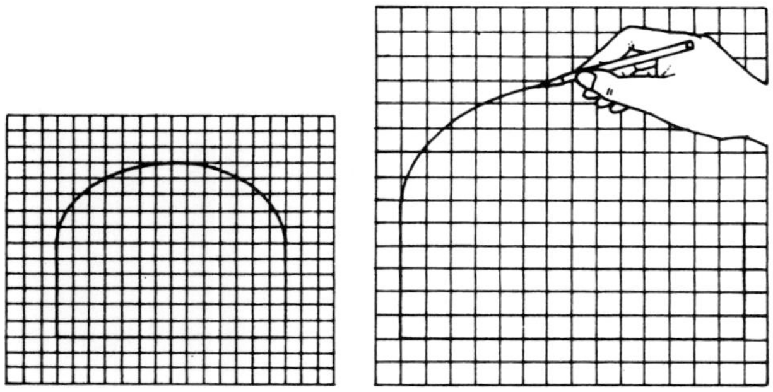

Ränder mit Schrägstreifen einfassen

Es gibt fertig gefalzte Schrägstreifen zu kaufen, die sich sehr gut dazu eignen, Stickereien auf ganz einfache Weise einzufassen, zum Beispiel Sets oder Lätzchen.
1 Den Umschlag auf einer Seite des Schrägstreifens aufklappen und den Streifen der Kante entlang rechts auf rechts auf den Stoff stecken. Das abgeschnittene Ende des Streifens umschlagen und den Anfangspunkt etwa 12 mm überlappen. Entlang der Saumkante feststeppen.

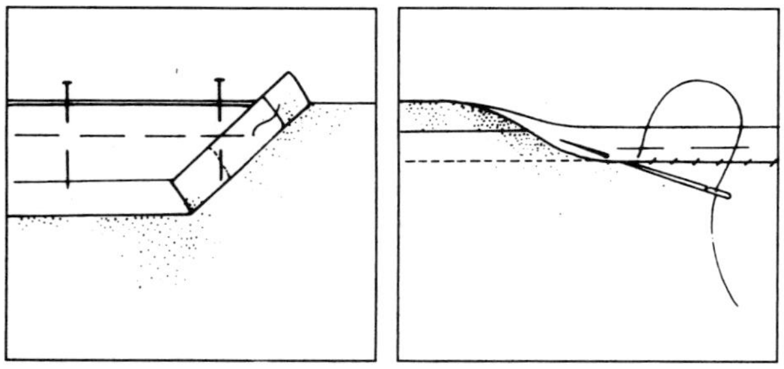

2 Schrägstreifen über die Stoffkante auf die linke Seite des Stoffs umschlagen, heften und den Saum ordentlich mit der Maschine steppen.

Gepaspelte Säume

Ein Saum mit kontrastfarbener Paspel sieht besonders hübsch aus und paßt gut zu Kissen.

Sie können die Paspelschnur entweder mit Schrägstreifen aus passendem Stoff einfassen oder fertige Paspeln verwenden, die es in vielen Breiten und Farben zu kaufen gibt.
1 Stecken und heften Sie die Paspel der Saumkante folgend auf die rechte Seite des Stoffs. An Ecken und Rundungen schneiden Sie den Saum ein.
2 Legen Sie das zweite Stoffstück rechts auf rechts darauf, so daß die Paspel dazwischenliegt. Heften und nähen Sie die Teile von Hand zusammen. Wenn Sie mit der Maschine nähen, verwenden Sie einen Reißverschluß-Fuß. Nähen Sie möglichst nahe an der Paspelschnur entlang, so daß die erste Stepplinie verdeckt wird.

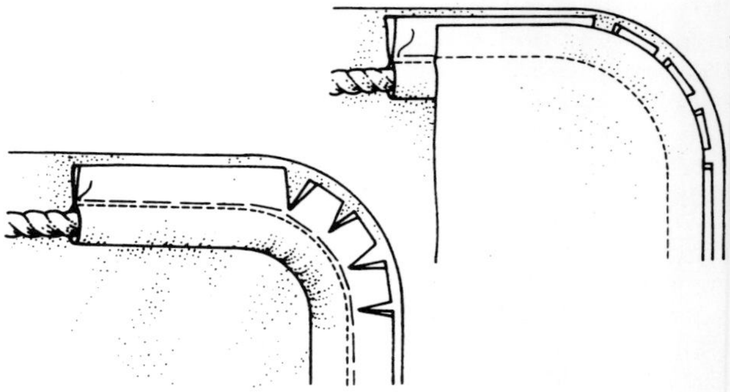

3 Um zwei Paspel-Stücke zu verbinden, lassen Sie zunächst beide Enden etwa 2,5 cm überlappen. Trennen Sie den Schrägstreifen ein Stück weit auf, um die Schnur freizulegen. Nähen Sie nun die Enden des Schrägstreifens zusammen (siehe Abbildung). Bügeln Sie die Naht flach auseinander. Dröseln Sie die Schnurenden auf und verbinden Sie sie miteinander (siehe Abbildung). Legen Sie den Schrägstreifen darüber zusammen und heften Sie weiter am Rand entlang.

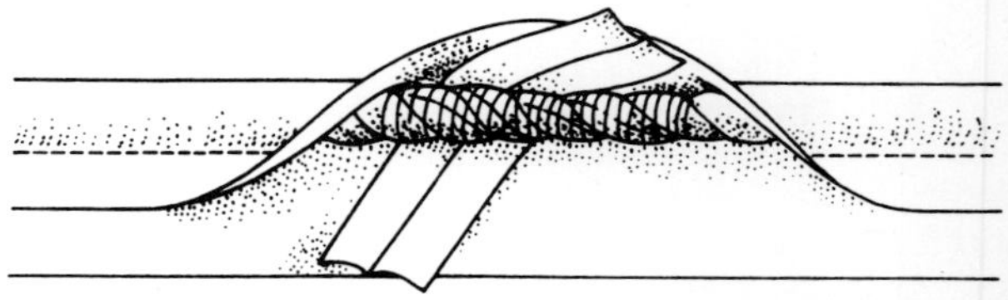

Stickereien aufziehen

Schneiden Sie ein Stück starken Karton in Größe der fertigen Stickerei mit einer Rundumzugabe von 6 mm für den Falz im Bilderrahmen zu.

Leichte Stoffe

1 Breiten Sie die Stickerei mit der Rückseite nach oben aus und legen Sie den Karton auf die Mitte ausgerichtet so auf, daß Heftfaden und Bleistiftlinien übereinstimmen. Die Ecken nacheinander diagonal einschlagen und mit Klebeband fixieren.

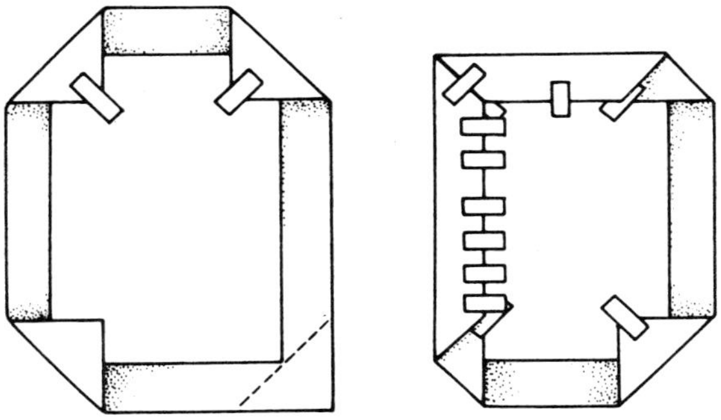

2 Schlagen Sie nun mit einer Seite beginnend den Stoff ein und fixieren Sie ihn in Abständen von ca. 2,5 cm mit Klebeband (siehe Abbildung). Auch die Ecken mit Klebeband fest zusammenhalten, so daß der Stoff straff und faltenlos gespannt ist.

Schwerere Stoffe

Breiten Sie die Stickerei mit der Rückseite nach oben aus und legen Sie den Karton mittig darauf. Den Stoff an zwei gegenüberliegenden Seiten umschlagen, die Ecken abschrägen und die Stoffkanten mit robustem Faden im Zickzackverband zusammenhalten (siehe Abbildung). Mit den beiden anderen Seiten ebenso verfahren. Abschließend den Stoff über dem Karton nochmals straffziehen und die abgeschrägten Ecken mit überwendlichen Stichen zusammennähen.

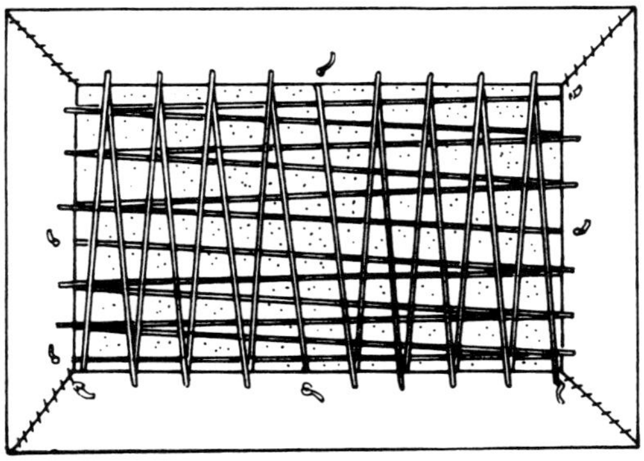

Kreuzstich

Für sämtliche Kreuzsticharbeiten werden die folgenden beiden Methoden angewandt. In beiden Fällen entstehen auf der Rückseite des Stoffes gleichmäßige Reihen von senkrechten Stichen.
Beim Besticken großer Flächen arbeitet man in horizontalen Reihen. Sticken Sie zunächst – links oben beginnend – die erste Reihe gleichmäßig voneinander entfernter, diagonaler Stiche über die in der jeweiligen Anleitung angegebene Zahl von Gewebefäden. Dabei führt der Grundstich immer von links unten nach rechts oben. Anschließend wird diese Stichfolge – nun von rechts nach links arbeitend – in der Rückreihe wiederholt. Die Deckstiche führen stets von rechts unten nach links oben. Fahren Sie mit der Arbeit in dieser Weise fort und achten Sie darauf, daß sich alle Stiche in derselben Richtung kreuzen.

Bei diagonal verlaufenden Reihen arbeiten Sie von oben nach unten und stellen jeden Kreuzstich einzeln fertig, ehe Sie den nächsten sticken. Beginnen Sie jede Stickarbeit in der Mitte und arbeiten Sie von innen nach außen. Damit stellen Sie sicher, daß das Motiv in der Mitte des Stoffes sitzt.

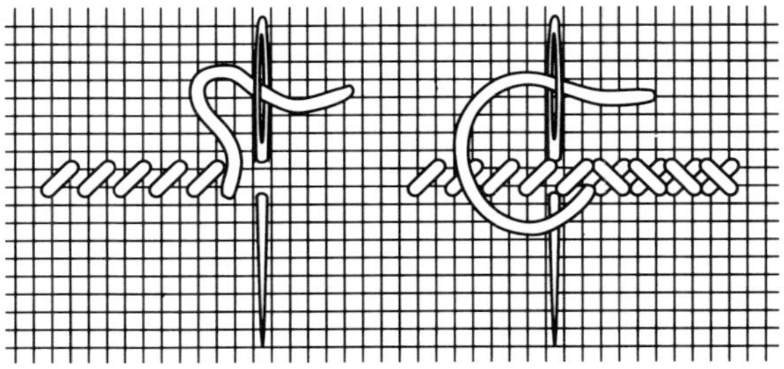

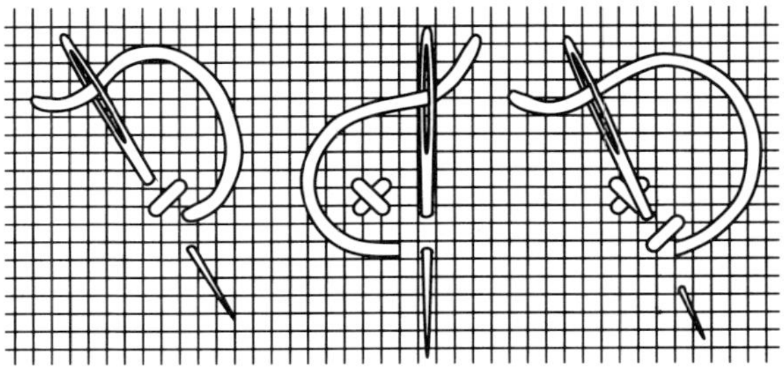

Steppstich

Mit dem Steppstich werden Trennlinien, Konturen oder Schatten herausgearbeitet. Er läuft über dieselbe Anzahl von Gewebefäden wie der Kreuzstich und bildet eine durchgehende, gerade oder diagonal verlaufende Linie. Machen Sie den ersten Stich von links nach rechts; führen Sie die Nadel an der Stoffunterseite nach vorn und dann eine Stichlänge links vom vorangehenden Stich wieder an die Stoffoberseite. Die Stichfolge entlang der vorgegebenen Linie fortsetzen.

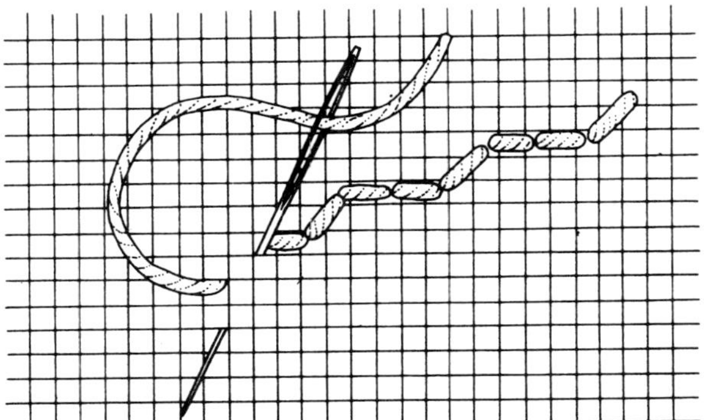

Kissen mit Spitzenborte

Diese schönen Kissen mit ihren lustigen Katzenmotiven sind einfach herzustellen und bringen Leben in jedes Kinderzimmer. Am besten kommen sie auf dem Bett oder dem Lieblingssessel zur Geltung.

Kissen mit Spitzenborte

Material

Je Kissen 20 cm x 20 cm (ohne Spitzenrand):

30 cm x 30 cm weißer Fein-Aida-Stoff (ca. 70 Stiche/10 cm)
22,5 cm Stoff in einer Kontrastfarbe für die Rückseite
2 m weiße Spitzenborte, 2,5 cm breit
Sticktwist in den in der Tabelle angeführten Farben
Sticknadel Nr. 26
Zum Stoff passender Nähfaden
Kissen 21,5 cm x 21,5 cm

Sticken

Den Stoff vorbereiten, die Mittellinien der Motive mit Heftfaden markieren und den Stoff in einen Rahmen spannen (Anleitung siehe Seiten 4–5). Die Vorlagen sind besser auszuzählen, wenn sie mit dem Kopierer vergrößert werden. Sticken Sie zweifädig nach dem Zählmuster. Die großen Flächen zuerst ausführen, dann die Rückstiche, für die Sie nur einen Faden in die Nadel nehmen. Von links dämpfen.

Fertigstellen

Die Stickerei auf 22,5 cm x 22,5 cm zuschneiden. Die Schmalseiten der Spitzenborte mit einer schmalen französischen Naht zusammenfügen. Die gerade Kante der Borte einkräuseln, den Reihfaden auf die passende Länge zusammenziehen und die Borte rechts auf rechts auf die Stickerei auflegen. Die Borte an der Außenkante (innerhalb der Nahtzugabe von 12 mm) anheften. Die Rüschen gleichmäßig verteilen, dabei an den Ecken etwas mehr Fülle geben. Borte ansteppen. Kissenoberseite und Unterstoff rechts auf rechts legen, heften und zusammensteppen. In der Mitte einen 15 cm langen Schlitz offenlassen. Heftfäden entfernen, die Ecken zuschneiden und die Kissenhülle wenden. Die Kissenfüllung hineingeben und den Schlitz mit Hohlstichen schließen.

Sommer ▲		DMC	ANCHOR	MADEIRA
□	Helles Kanariengelb	973	290	0105
●	Dunkles Königsblau	796	134	0914
II	Rot	666	46	0210
■	Dunkles Goldbraun	975	310	2303
I	Helles Topasgelb	726	295	0109
•	Weiß	Weiß	2	Weiß
C	Blaßgrau	415	398	1803
O	Pfirsich, sehr hell	948	778	0306
=	Helles Kürbisorange	970	316	0204
☒	Mittl. Lavendel	210	109	0803
◢	Schwarz	310	403	Schwarz
V	Pfirsich, mittel	352	9	0303
	Pfirsich	353	8	0304
Λ	Helles Gelbgrün	3348	264	1409

Augen mit Schwarz, und Nase und Schnauze mit Pfirsich (nur für Rückstiche) umranden.

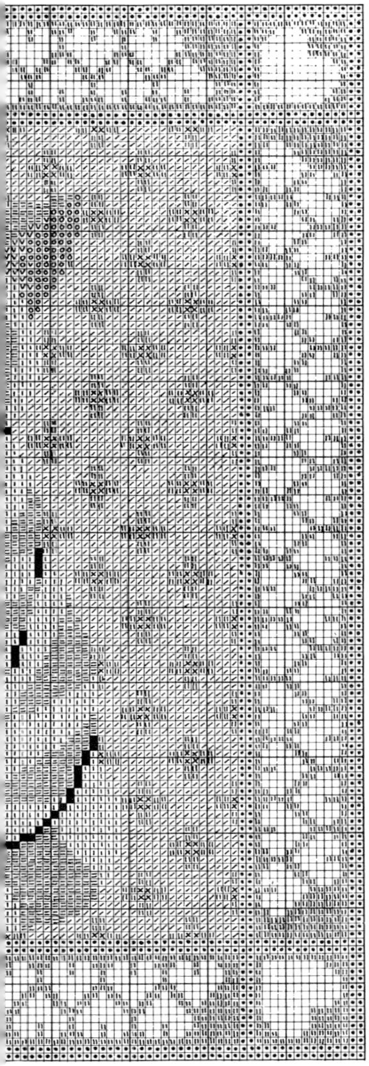

Winter ▼		DMC	ANCHOR	MADEIRA
☐	Dunkelgrau	413	401	1713
◙	Hellgrau	318	399	1802
⊞	Schwarz	310	403	Schwarz
⊟	Sehr helles Avocadogrün	472	264	1414
⧄	Dunkles Waldgrün	986	245	1406
⊡	Weiß	Weiß	2	Weiß
C	Blaßgrau	415	398	1803
⧅	Pfirsich, sehr hell	948	778	0306
	Pfirsich	353	9	0304
⊠	Pfirsich, mittel	352	9	0303
O	Mittl. Stahlgrau	317	400	1714
■	Sehr dunkles Marineblau	939	152	1008
◪	Helles Gelbgrün	3348	264	1409

Augen mit Schwarz und Nase und Schnauze mit Pfirsich (nur für Rückstiche) umranden.

Fotorahmen

Diese herrlichen Fotorahmen werden Ihr Zuhause verschönern, ob Sie sie nun einzeln oder als Paar aufstellen. Beide Arbeiten eignen sich auch hervorragend als Geschenk.

Fotorahmen

Material

Rahmen „Katze und Schmetterling", ca. 18 cm x 18 cm:

22,5 cm x 22,5 cm weißer Stern-Aida-Stoff
(ca. 54 Stiche/10 cm)
Passepartoutkarton, 18 cm x 18 cm

Rahmen „Katz und Maus", ca. 24,5 cm x 22,5 cm:
28 cm x 25,5 cm weißer Stern-Aida-Stoff
(ca. 54 Stiche/10 cm)
Passepartoutkarton, 24,5 cm x 22,5 cm

Dazu für jeden Rahmen:
Sticktwist in den in der Tabelle angeführten Farben
Sticknadel Nr. 24
9 cm weißes Band, 6 mm breit, als Aufhänger
Dünner weißer Karton als Rahmenrückseite
Kreppband
Bastelklebstoff
Skalpell oder Bastelmesser

Sticken

Den Stoff vorbereiten und in einen Rahmen spannen (siehe Seiten 4–5). Die Umrandung zuerst sticken, dann das restliche Motiv. Dabei für den Kreuzstich durchwegs zwei Fäden in die Nadel nehmen, für die Rückstiche einen Faden.
Die Heftfäden als Orientierungshilfe noch im Stoff lassen und die fertige Stickerei vorsichtig von links dämpfen.

Fertigstellen

Vorsichtig in der Mitte ein Fenster aus dem Passepartoutkarton schneiden. Unsere Fenster messen 7 cm x 6,5 cm, aber da fertige Stickereien leichte Größenunterschiede haben können, überprüfen Sie Ihre Fenstergröße besser noch einmal.
Die Stickerei mit dem Stickbild nach unten auf eine feste, glatte Fläche legen und mit Hilfe der Heftstiche das Passepartout darauf ausrichten. Den Fensterausschnitt mit weichem Bleistift auf dem Stoff anzeichnen. Die Heftfäden herausziehen und mit einer scharfen Schere einen kleinen Einschnitt in der Stoffmitte machen; von dort aus diagonal in Richtung der markierten Ecken schneiden. Das Passepartout wieder auf den Stoff legen und die Stoffdreiecke um die Rückseite des Passepartouts einschlagen und dort mit Klebeband fixieren. Dann die Außenkante des Stoffes und die Ecken nacheinander diagonal einschlagen und mit Klebeband sichern (siehe Seite 7).
Mit Klebeband oder Bastelklebstoff das Foto Ihrer Wahl im Rahmen befestigen. Mit dem Band eine Schlaufe formen und an die Rückseite des Rahmens kleben. Ein Stück weißen Karton als Rahmenrückseite ausschneiden und ebenfalls mit Klebstoff befestigen.

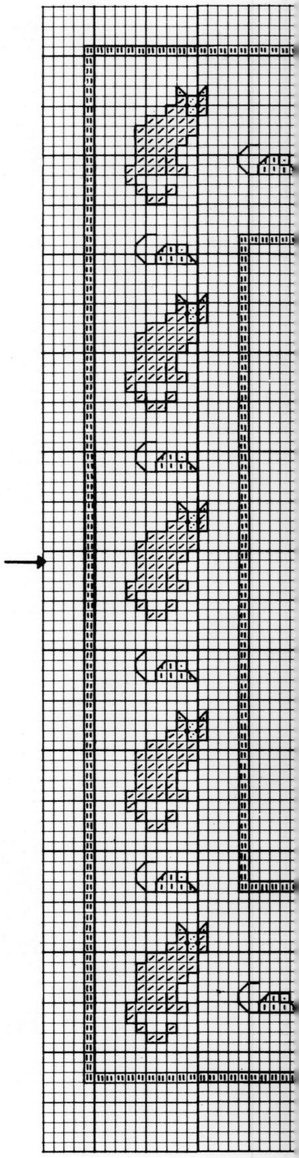

Katze und Maus ▼		DMC	ANCHOR	MADEIRA
	Schwarz	310	403	Schwarz
ǁ	Dunkles Delfter Blau	798	146	0911
•	Pfirsich	351	10	0214
⁘	Weiß	Weiß	2	Weiß
⁄	Mittl. Altgold	729	890	2210
I	Blaßgrau	415	398	1803

Rückstiche: Umrisse in Grau; Augen werden mit Knötchenstichen in Schwarz gestickt.

Schmetterling ▼		DMC	ANCHOR	MADEIRA
	Schwarz	310	403	Schwarz
ǁ	Sehr helles Nelkenrot	894	26	0413
•	Pfirsich	353	9	0304
⁘	Weiß	Weiß	2	Weiß
⁄	Mittl. Altgold	729	890	2210
	Stahlgrau	414	400	1801

Rückstiche: Umrisse in Grau; Augen werden mit Knötchenstichen in Schwarz gestickt.

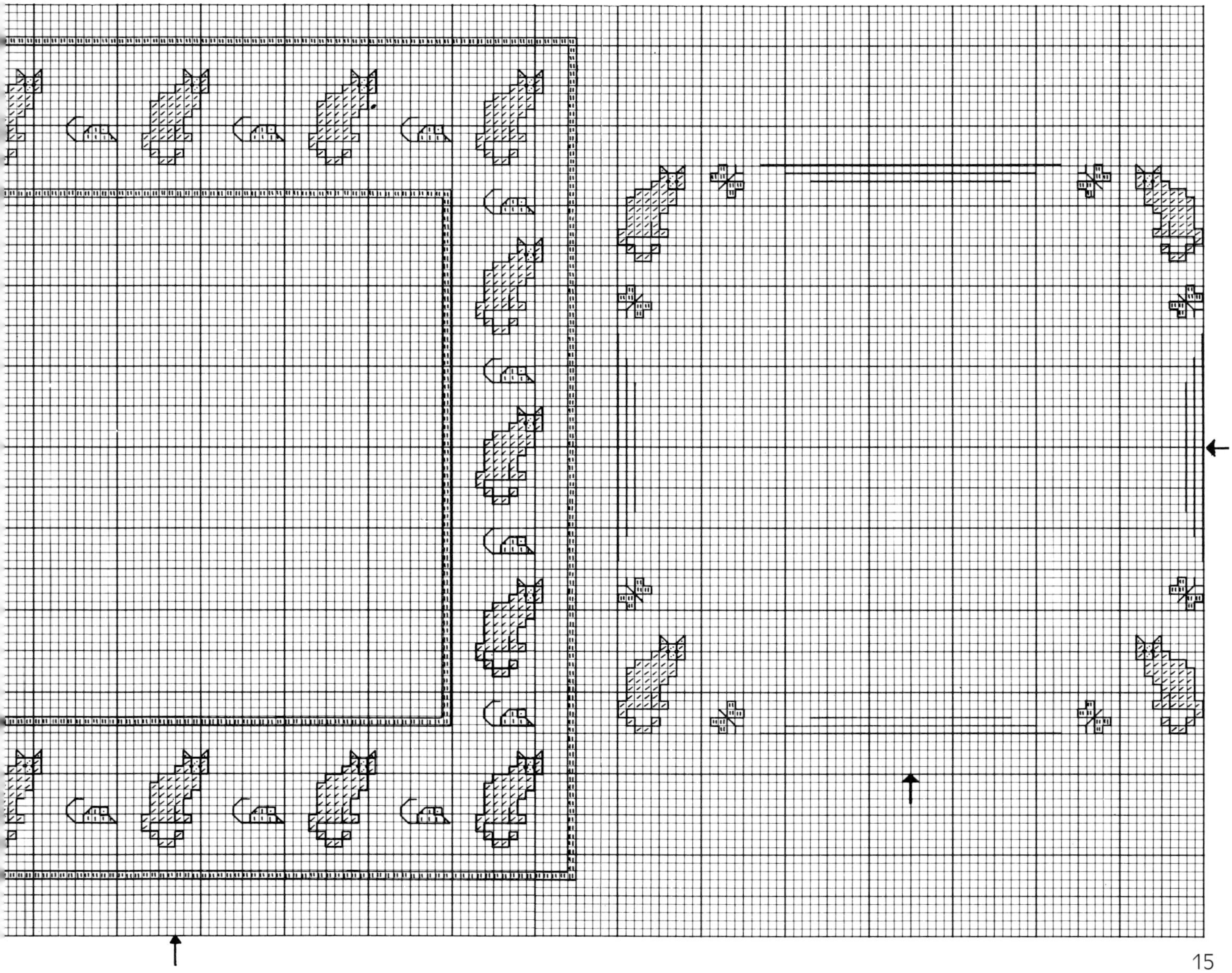

Kätzchen-Briefbeschwerer

Diese reizenden Briefbeschwerer sind Blickfang und nützliches Accessoire in einem. Sie können sie auf dem Schreibtisch, einem Beistelltisch oder auf dem Kaminsims zur Schau stellen.

Kätzchen-Briefbeschwerer

Material

Briefbeschwerer „Schläfrige Mieze", oval 9,5 cm x 6 cm;
„Mieze im Stiefel", 6,7 cm Durchmesser;
„Katze mit Hut", Herzform 6,5 cm x 6 cm:

15 cm x 15 cm weißer Lugana-Stoff (ca. 100 Fäden/10 cm)
Sticktwist in den in der Tabelle angeführten Farben
Sticknadel Nr. 26
Briefbeschwerer (siehe Bezugsquellen)

Sticken

Jedes Motiv wird auf die gleiche Art und Weise und auf den gleichen Stoff gestickt. Wenn Sie alle drei Motive sticken wollen, können Sie Stoff sparen, indem Sie sie auf ein großes Stück Stoff sticken. Dabei sollten Sie genügend Platz zwischen den Motiven lassen.
Stoff vorbereiten und in den Rahmen spannen (siehe Seiten 4 – 5). Die Stickerei mit einem Faden in der Nadel anfertigen und jeden Stich über einen Gewebefaden führen.
Die fertige Stickerei vorsichtig von links dämpfen.

Fertigstellen

Den Stoff mit dem Stickbild nach oben auf eine feste Unterlage legen und die mit den Briefbeschwerern gelieferte Papierschablone verwenden, um den Umriß Ihres Motivs anzuzeichnen. Darauf achten, daß es in der Mitte des Stoffes sitzt. Stoff zuschneiden und mit der Rückseite nach unten in den Hohlraum des Briefbeschwerers einsetzen. Die Papierschablone auf die Rückseite Ihrer Stickerei legen, die Folie vom Oberteil des Beschwerers abziehen und dieses vorsichtig einsetzen. Darauf achten, daß Stickerei und Schablone nicht verrutschen.

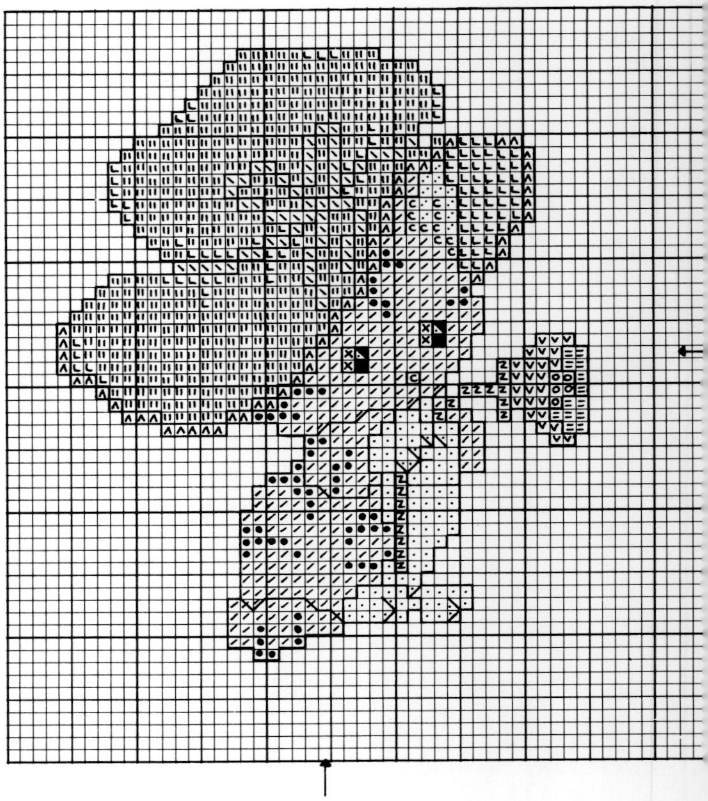

	Katze mit Hut ▲	DMC	ANCHOR	MADEIRA
Λ	Preiselbeere, sehr dunkel	600	65	0704
L	Preiselbeere, mittel	602	62	0702
II	Preiselbeere, hell	604	60	0614
\	Dunkles Delfter Blau	798	131	0911
O	Gelb	727	293	0110
=	Sehr helles Altrot	963	73	0502
V	Rosarot	962	52	0609
Z	Mittl. Avocadogrün	3347	267	1408
C	Pfirsich, mittel	352	9	0303
⁚	Pfirsich, hell	754	6	0305
/	Sehr helles Bibergrau	3073	847	1805
●	Mittelgrau	414	400	1801
	Dunkelgrau	413	401	1713
X	Helles Gelbgrün	3348	264	1409
·	Weiß	Weiß	2	Weiß
■	Schwarz	310	403	Schwarz

Rückstiche: Umriß in Dunkelgrau

Schläfrige Katze ▶		DMC	ANCHOR	MADEIRA
■	Schwarz	310	403	Schwarz
⊠	Helles Gelbgrün	3348	264	1409
•	Weiß	Weiß	2	Weiß
●	Mittelgrau	414	400	1801
/	Sehr helles Bibergrau	3072	847	1805
.•	Pfirsich, hell	754	6	0305
C	Pfirsich, mittel	352	9	0303
\	Sehr helles Perlgrau	762	397	1804
II	Rot	666	46	0210
	Dunkelgrau	413	401	1713

Rückstiche: Umrisse in Dunkelgrau

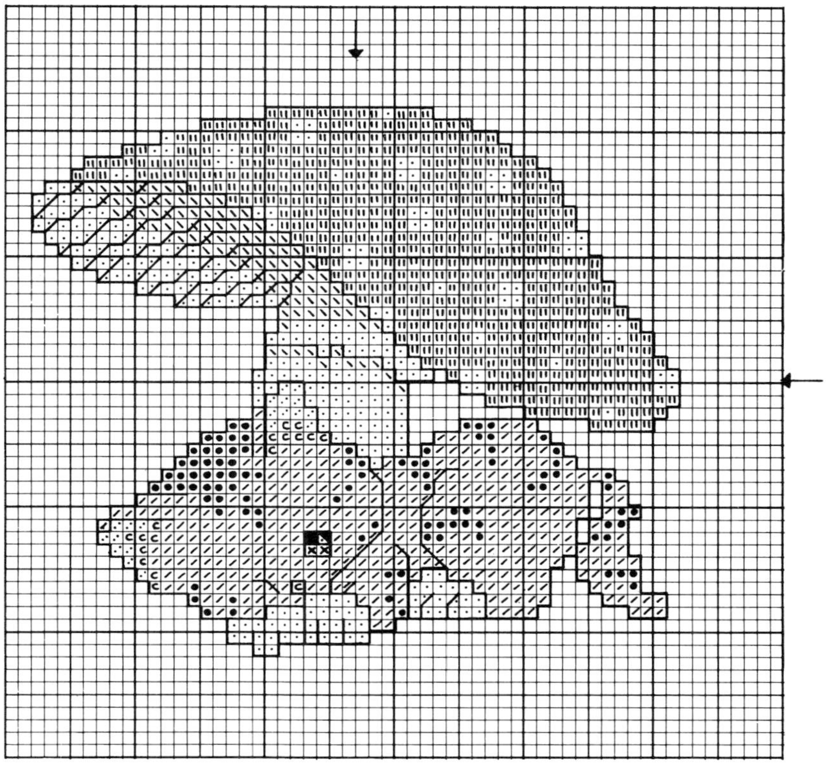

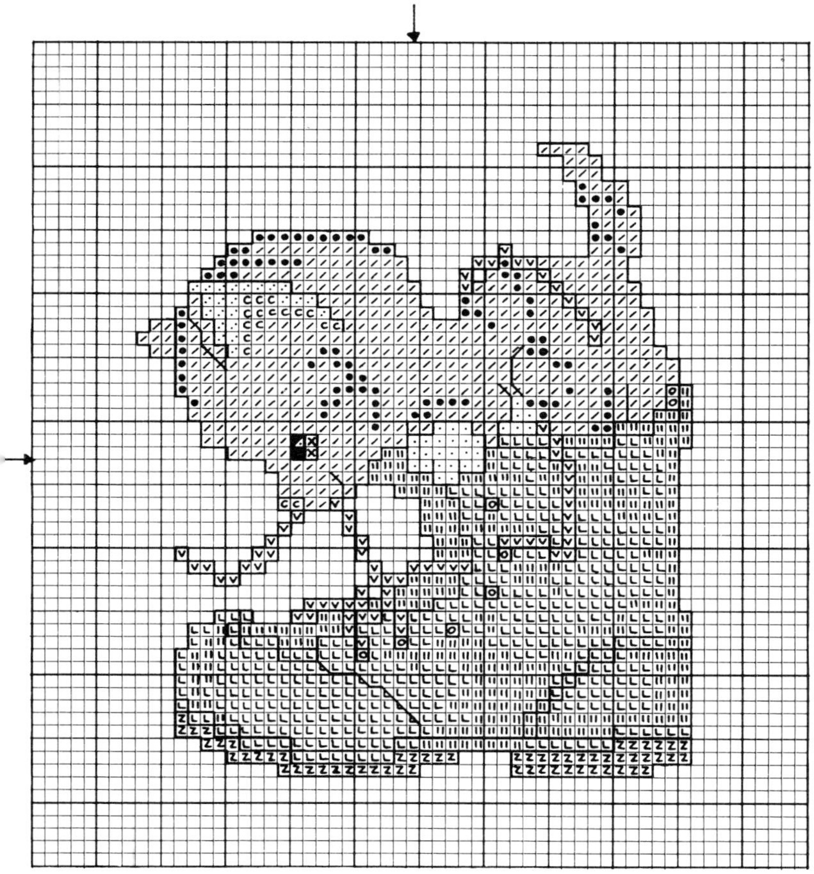

Mieze im Stiefel ◀		DMC	ANCHOR	MADEIRA
⊠	Helles Gelbgrün	3348	264	1409
■	Schwarz	310	403	Schwarz
•	Weiß	Weiß	2	Weiß
.•	Pfirsich, hell	754	6	0305
C	Pfirsich, mittel	352	9	0303
●	Mittelgrau	415	398	1803
	Sehr dunkles Grau	413	401	1713
/	Sehr helles Bibergrau	3072	847	1805
V	Weizengold	3046	887	2102
Z	Braungrau	3022	392	1903
L	Sehr helles Braun	3046	942	2013
II	Mittelbraun	433	371	2008
O	Sehr dunkles Kaffeebraun	898	380	2007

Rückstiche: Umrisse in sehr dunklem Grau

Handarbeits-beutel

Dieser nützliche Handarbeitsbeutel ist ein ausgesprochen praktisches Geschenk für alle, die gern stricken, häkeln oder sticken. Der Beutel ist groß und stabil genug, um die meisten gängigen Utensilien für Stickereien, Patchwork oder Gestricktes aufzunehmen. Und die verspielten Miezen entzücken nicht nur Katzenfreunde.

Handarbeitsbeutel

Material

Handarbeitsbeutel, 36,5 cm x 32 cm:

76 cm x 42 cm cremefarbener Stern-Aida-Stoff
(ca. 54 Stiche/10 cm)
76 cm x 42 cm dünne Synthetik-Wattierung
76 cm x 42 cm Nessel als Futterstoff
Sticktwist in den in der Tabelle angeführten Farben
Sticknadel Nr. 24
Zum Stoff passender Nähfaden
Zwei Griffe (siehe Bezugsquellen)

Sticken

Den Stoff in der Mitte zusammenfalten; bügeln und ausbreiten. Den oberen Teil (Vorderseite des Beutels) hernehmen, die Mitte mit Heftstichen markieren und in einen Rahmen spannen. Die Kreuzstickerei mit zwei Fäden in der Nadel ausführen, dann die Rückstiche mit einem Faden in der Nadel. Achten Sie darauf, daß links und rechts von der fertigen Stickerei 9 cm, unten 2,5 cm und oben 12,5 cm frei bleiben.
Stickerei vorsichtig von links bügeln.

Fertigstellen

Die Wattierung auf der Rückseite der Stickerei feststecken, anheften und rundherum mit einer Nahtzugabe von 1 cm ansteppen. Die Wattierung bis zur Naht zurückschneiden. Den Stoff in der Mitte rechts auf rechts zusammenlegen und die Seitennähte mit einer Nahtzugabe von 1 cm zusammenstecken und heften. Auf beiden Seiten bis auf 16,5 cm unter der Oberkante zusammensteppen.
Den Futterstoff in der Mitte rechts auf rechts zusammenfalten und die Seitennähte zusammensteppen wie beim Oberstoff. Den Oberstoff wenden und den Futterstoff hineingeben. Die 12 mm Nahtzugabe umschlagen und an die ungesäumten Kanten nähen. Auf der Oberseite darf kein Futter zu sehen sein. Die Oberkante des Beutels auf die Griffe aufziehen, dabei den Stoff gleichmäßig raffen und schließlich von Hand vernähen.

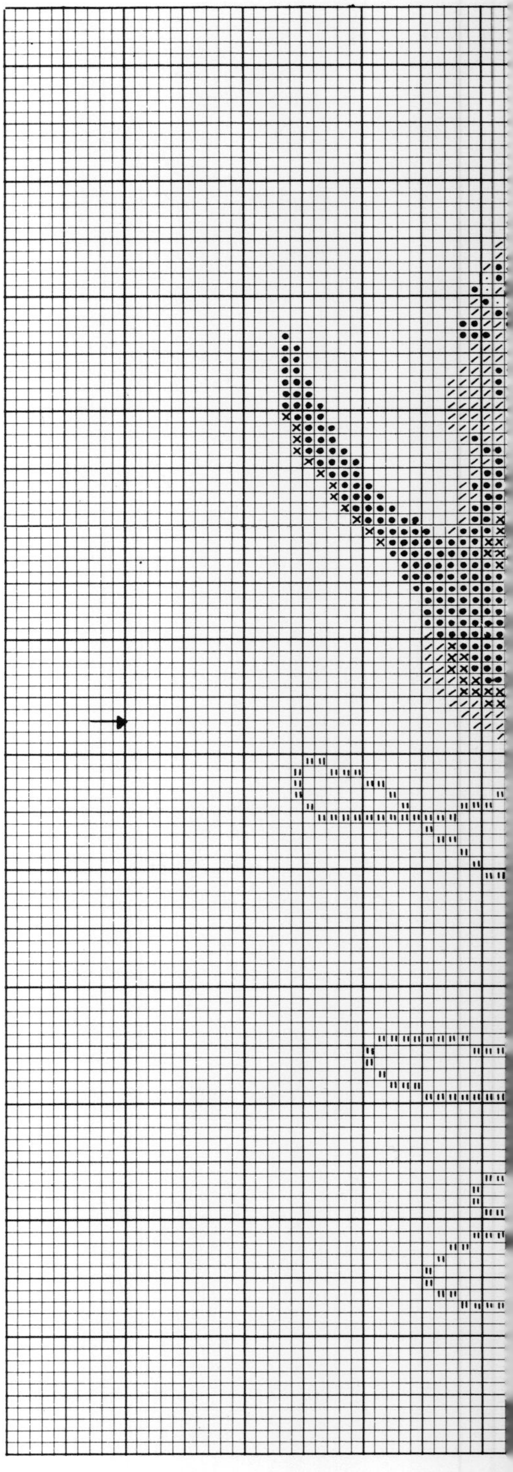

Handarbeitsbeutel ▼	DMC	ANCHOR	MADEIRA
● Dunkles Stahlgrau	413	401	1713
☒ Stahlgrau	414	400	1801
⧄ Blaßgrau	415	398	1803
• Weiß	Weiß	2	Weiß
ǁ Mittelrosa	27	899	0505

Rückstiche: Umriß in Blaßgrau

Katzen-Trio

Dieses reizende Bild mit seinen drei unwiderstehlichen Kätzchen läßt sicher keinen Katzenfreund kalt und heitert jedes Zimmer im Haus auf. Seine feinen Farbabstufungen machen es zu einer vergnüglichen Herausforderung für die versierteren Freunde der Kreuzstickerei.

Katzen-Trio

Material

Bild, 42 cm x 37 cm, ohne Rahmen:

50 cm x 45 cm cremefarbener Zählstoff
(ca. 112 Fäden/10 cm)
Sticktwist in den in der Tabelle angeführten Farben
Sticknadel Nr. 26
42 cm x 37 cm Montagekarton
Bilderrahmen Ihrer Wahl

Sticken

Den Stoff vorbereiten und in einen Rahmen spannen (siehe Seiten 4–5). Arbeiten Sie nach dem Zählmuster, beginnen Sie die Stickerei in der Mitte und nehmen Sie durchwegs zwei Fäden in die Nadel. Jeder Kreuzstich geht über zwei Gewebefäden. Zuletzt die Rückstiche um die Augen sticken, dabei einen Faden Sticktwist in die Nadel nehmen.
Die Heftfäden noch nicht herausnehmen und die fertige Stickerei vorsichtig von links dämpfen.

Fertigstellen

Sie können sich zum Aufziehen der fertigen Stickerei beider auf Seite 7 beschriebenen Methoden bedienen. Um eine glatte Oberfläche zu erhalten, ist es ratsam, den Stoff an einer Kante des Kartons zu fixieren, indem man sich von der Mitte aus zu beiden Ecken vorarbeitet, und diesen Vorgang auf der gegenüberliegenden Seite zu wiederholen. So wird der Stoff gleichmäßig gespannt. Mit Klebeband oder Schnürung sichern und an den restlichen Kanten wiederholen.
Wenn Sie das aufgezogene Stickbild selber rahmen, verwenden Sie rostfreie Stifte, um die Rückseite zu befestigen und versiegeln Sie diese mit breitem Klebeband, um zu verhindern, daß Staub eindringt.

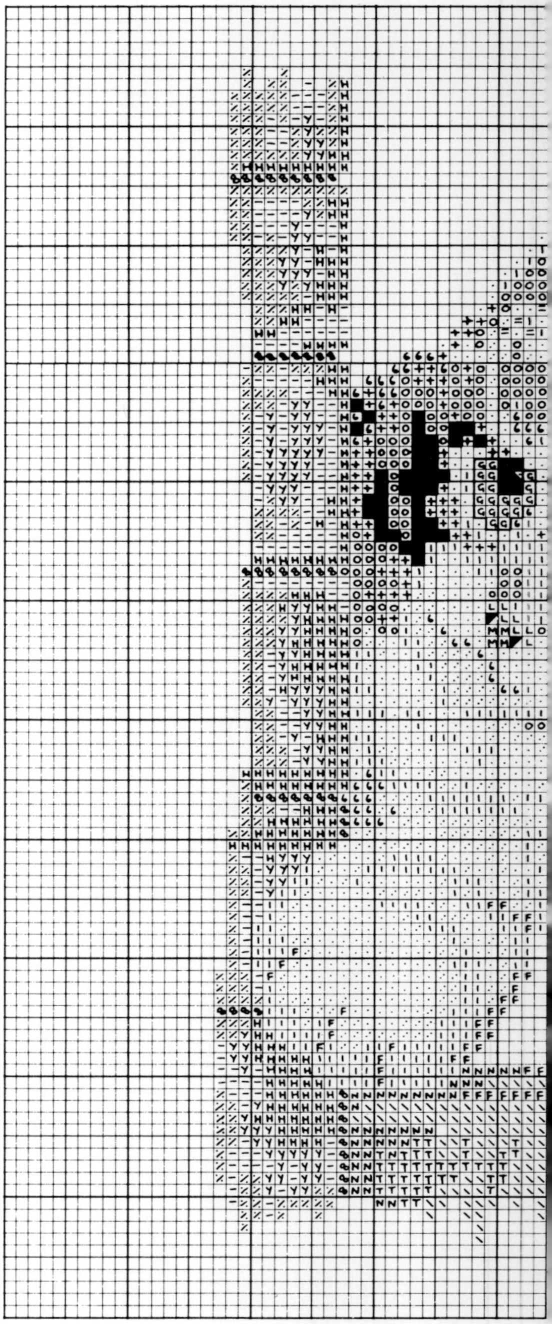

Symbol	**Gerahmtes Bild „Katzen Trio"** ▲	DMC	ANCHOR	MADEIRA
■	Schwarz	310	403	Schwarz
G	Khaki	733	280	1611
•	Weiß	Weiß	2	Weiß
X	Dunkles Mahagonibraun	300	352	2304
L	Pfirsich	353	8	0304
M	Pfirsich, mittel	352	9	0303
◤	Ziegelrot	355	5968	0401
II	Mittl. Mahagonibraun	301	370	2306
Z	Helles Altgold	676	891	2208
6	Dunkles Zinngrau	535	401	1809

		DMC	ANCHOR	MADEIRA
I	Blaßgrau	415	398	1803
/	Helles Khakigrün	3013	853	2110
V	Helles Braungrau	3023	1040	1903
C	Mittl. Beigegrau	644	392	1902
P	Sehr helles Beigebraun	842	376	1910
●	Braungrau	3022	392	1812
Λ	Mittl. Altgold	729	890	2210
⁚	Sehr helles Perlgrau	762	397	1804
F	Helles Stahlgrau	318	399	1802
O	Helles Bibergrau	648	900	1814
=	Muschelgrau	451	233	1808
+	Mittl. Bibergrau	647	399	1812
%	Helles Antikrosa	950	376	2309
−	Blasses Ziegelrot	758	868	0403
Y	Mittl. Ziegelrot	356	339	0402
H	Ziegelrot	355	5968	0401
6	Sehr dunkles Braungrau	3021	905	1904
N	Mittl. Stahlgrau	317	400	1714
\	Blasses Blaugrau	928	900	1709
T	Helles Antikblau	932	1033	1710

Rückstiche: um die Augen in Schwarz

Grußkarten

Persönliche Grußkarten mit einer kleinen Stickerei bereiten einfach Vergnügen, ob man sie nun selber macht oder bekommt. Hier sind drei bezaubernde Katzenkarikaturen, eine als Weihnachtskarte, eine als Glückwunschkarte (vielleicht zum 18. Geburtstag, zur Verlobung oder zu einem Jubiläum) und schließlich eine als Karte zum Valentinstag.

Grußkarten

Material

Karten 15,5 cm x 11 cm:

19 cm x 15 cm weißer Hardanger-Stoff (ca. 88 Fäden/10 cm)
Sticktwist in den in der Tabelle angeführten Farben
Sticknadel Nr. 26
Doppelseitiges Klebeband
Einlage zum Aufbügeln (wenn gewünscht – siehe „Fertigstellen"), 12 mm größer als das Innenmaß des jeweiligen Rahmens
Passepartoutkarten (siehe Bezugsquellen)
Katzenweihnacht – grün mit rechteckigem Fenster
Champagnermiezen – blaßblau mit ovalem Fenster
Valentinstag – rot mit ovalem Fenster

Sticken

Jedes Motiv wird auf die gleiche Art und Weise und auf den gleichen Stoff gestickt. Wenn Sie alle drei Motive ausführen wollen, können Sie vielleicht Stoff sparen, indem Sie sie auf ein großes Stück Stoff sticken. Dabei sollten Sie genügend Platz zwischen den Motiven lassen.
Bei bestickten Karten ist es besonders wichtig, allzu starkes Übersticken auf der Rückseite zu vermeiden, da dadurch häßliche Beulen entstehen und das Stickbild entstellen.
Den Stoff vorbereiten und die Mittellinien jedes Motivs mit Heftstichen markieren und in einen kleinen Rundrahmen spannen (siehe Seite 5). Führen Sie mit Hilfe des Zählmusters die Stickerei aus; dabei durchwegs einen Faden in die Nadel nehmen und jeweils einen Gewebefaden übersticken. Große Flächen zuerst ausfüllen, dann die Rückstiche ausführen. Wenn nötig, vorsichtig von links dämpfen.
Es ist ratsam, die Heftfäden noch nicht herauszuziehen, da sie später dabei helfen, das Motiv in der Mitte der Karte zu plazieren.

Fertigstellen

Die Einlage zum Aufbügeln ist nicht unbedingt notwendig, sie verhindert allerdings Faltenbildung. Wenn Sie die Einlage verwenden, legen Sie sie auf die Rückseite der Stickerei; mit einem Bleistift die Heftstiche bzw. Markierungspunkte auf der Einlage und der Außenkante der Stickerei anzeichnen. Heftfäden entfernen und Einlage aufbügeln; dazu müssen die Markierungen übereinstimmen.

Die Stickerei so zuschneiden, daß sie ca. 12 mm größer ist als das Kartenfenster und hinter das Fenster setzen. Um sicherzugehen, daß das Motiv genau in der Mitte sitzt, muß man zu beiden Seiten der Markierung den gleichen Abstand abmessen. Stickerei mit doppelseitigem Klebeband in der Karte fixieren und Rückseite fest andrücken.

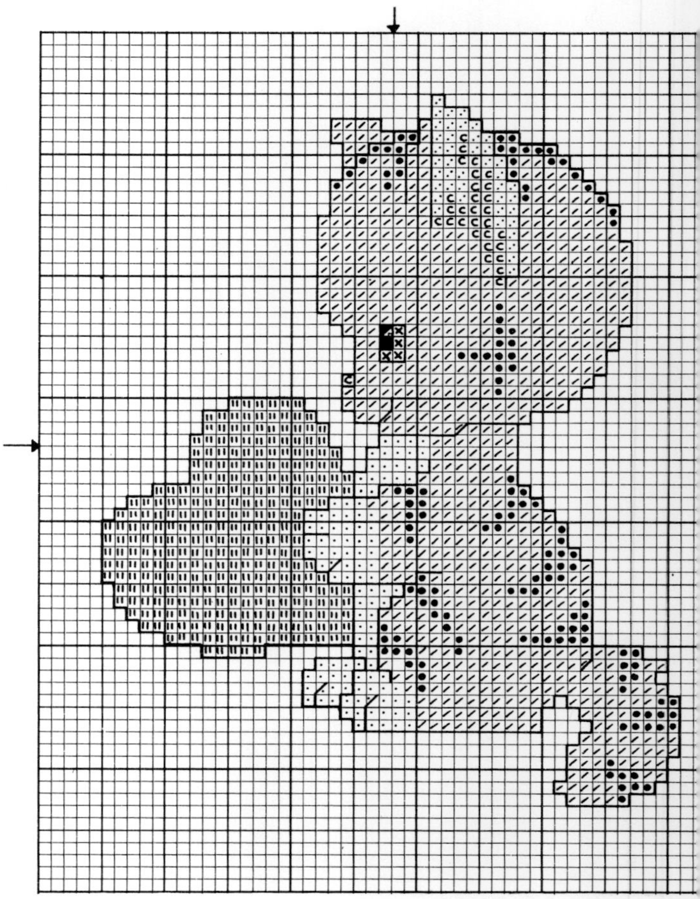

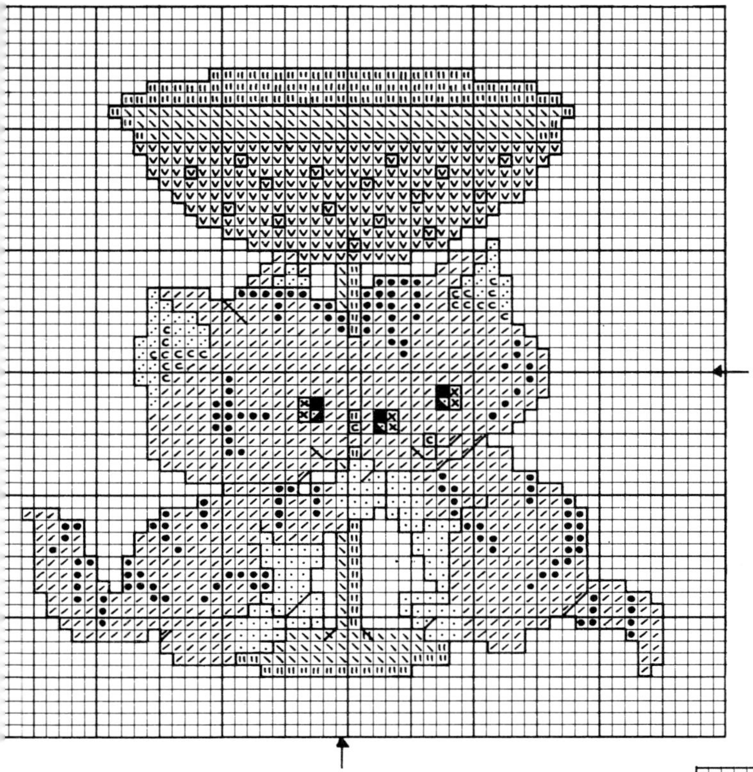

Champagnermiezen ▲		DMC	ANCHOR	MADEIRA
V	Helles Altgold	676	891	2208
\	Sehr helles Perlgrau	762	397	1804
II	Blaßgrau	415	398	1803
/	Blaßgelb	744	301	0112
●	Mittl. Rotorange	741	314	0201
X	Helles Gelbgrün	3348	264	1409
•	Weiß	Weiß	2	Weiß
C	Korallenrot	351	10	0214
⁚	Pfirsich	353	9	0304
■	Schwarz	310	403	Schwarz

Katzenweihnacht ▼		DMC	ANCHOR	MADEIRA
C	Korallenrot	351	10	0214
⁚	Pfirsich	353	9	0304
●	Mittl. Rotorange	741	314	0201
/	Blaßgelb	744	301	0112
•	Weiß	Weiß	2	Weiß
Z	Silberfaden			
II	Rot	666	46	0210
V	Weihnachtsgrün	700	228	1305
X	Goldfaden			
=	Apfelgrün	702	239	1306
L	Altgold	725	306	0108
Λ	Malve	333	111	0903

Rückstiche: Umrisse in Schwarz

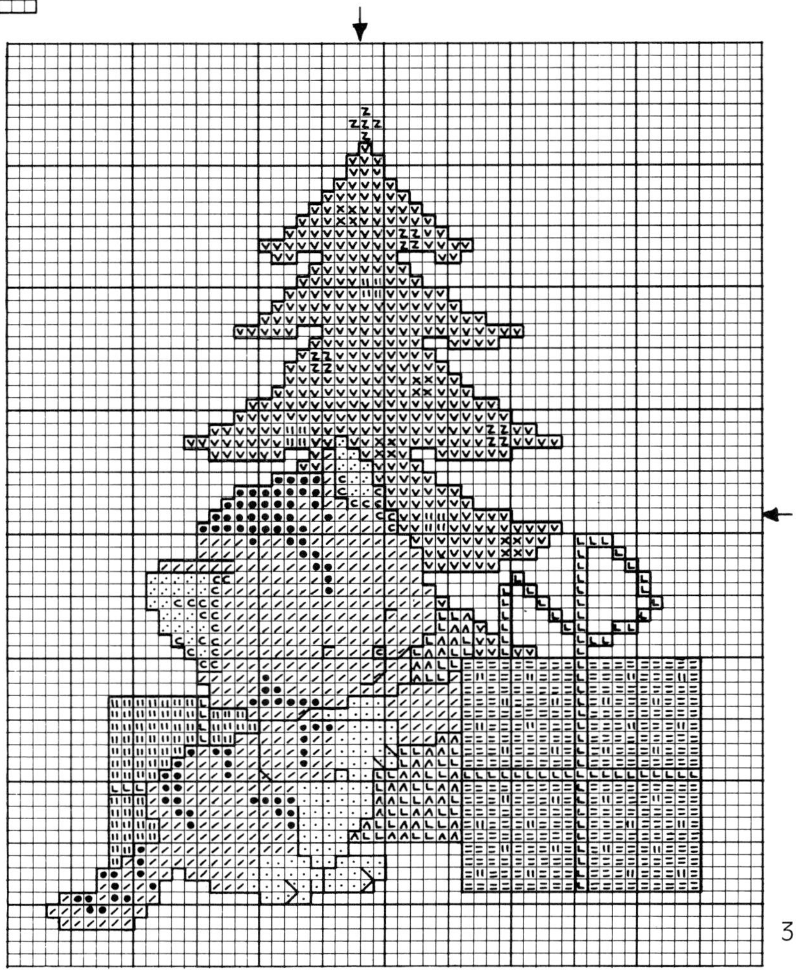

Valentinstag ◄		DMC	ANCHOR	MADEIRA
•	Weiß	Weiß	2	Weiß
X	Helles Gelbgrün	3348	264	1409
II	Rot	666	46	0210
/	Blaßgelb	744	301	0112
●	Mittl. Rotorange	741	314	0201
C	Korallenrot	351	10	0214
⁚	Pfirsich	353	9	0304
■	Schwarz	310	403	Schwarz

Geschenkbeutel

Dieser ansprechende Geschenkbeutel hat genau die richtige Größe für eine kleine Aufmerksamkeit. Anschließend können Sie ihn zum Aufbewahren von Taschentüchern oder Schmuck hernehmen. Durch ihn wird jedes Geschenk zu etwas ganz Besonderem.

Geschenkbeutel

Material

Geschenkbeutel 32 cm x 22 cm:

76 cm x 32,5 cm weißer Fein-Aida-Stoff (ca. 70 Stiche/10 cm)
1,10 m rotes Band, 2,5 mm breit
Sticktwist in den in der Tabelle angeführten Farben
Gold- und Silberfaden (Metallic)
Sticknadel Nr. 24
Zum Stoff passender Nähfaden

Sticken

Benutzen Sie die nebenstehende Zeichnung als Arbeitshilfe. Geben Sie rundherum zusätzlich 3 cm Stoff zu und markieren Sie die Stickfläche mit Heftfäden. Sie befindet sich 18 cm unterhalb der ungesäumten Oberkante des Stoffes. Die Mittellinien des Stickbildes mit Heftstichen markieren und in einen Rahmen spannen (siehe Seite 5). In der Mitte beginnend, die Kreuzstiche mit zwei Fäden in der Nadel sticken. Anschließend die Rückstiche mit einem Faden in der Nadel ausführen. Die fertige Stickerei vorsichtig von links dämpfen.

Fertigstellen

Den Stoff auf 70 x 25,5 cm zurechtschneiden. Oben und unten (jeweils 7,5 cm Abstand von der ungesäumten Kante) mit einer stumpfen Nadel je zwei Fäden aus dem Stoff entfernen (siehe Zeichnung). Den Stoff in der Mitte rechts auf rechts zusammenfalten. Die Seitennähte stecken und heften, dann mit einer Nahtzugabe von 12 mm bis auf 2 cm unter der Oberkante zusammensteppen.
Diagonal über die unteren Ecken schneiden, um überstehenden Stoff zu entfernen und die Hülle umstülpen. In der Mitte der Vorderseite beginnend, das Band durch die Lücken fädeln, die durch das Entfernen der beiden Querfäden entstanden sind. Dazu am besten eine große, stumpfe Gobelinnadel verwenden. Dann die Fransenkante für den oberen Rand des Geschenkbeutels herstellen, indem Sie einen Faden nach dem anderen aus dem Stoff herausziehen und den Stoff auf eine Tiefe von 2 cm bis zur Seitennaht ausfransen. Die Fransen anschließend mit einer harten Bürste auskämmen.

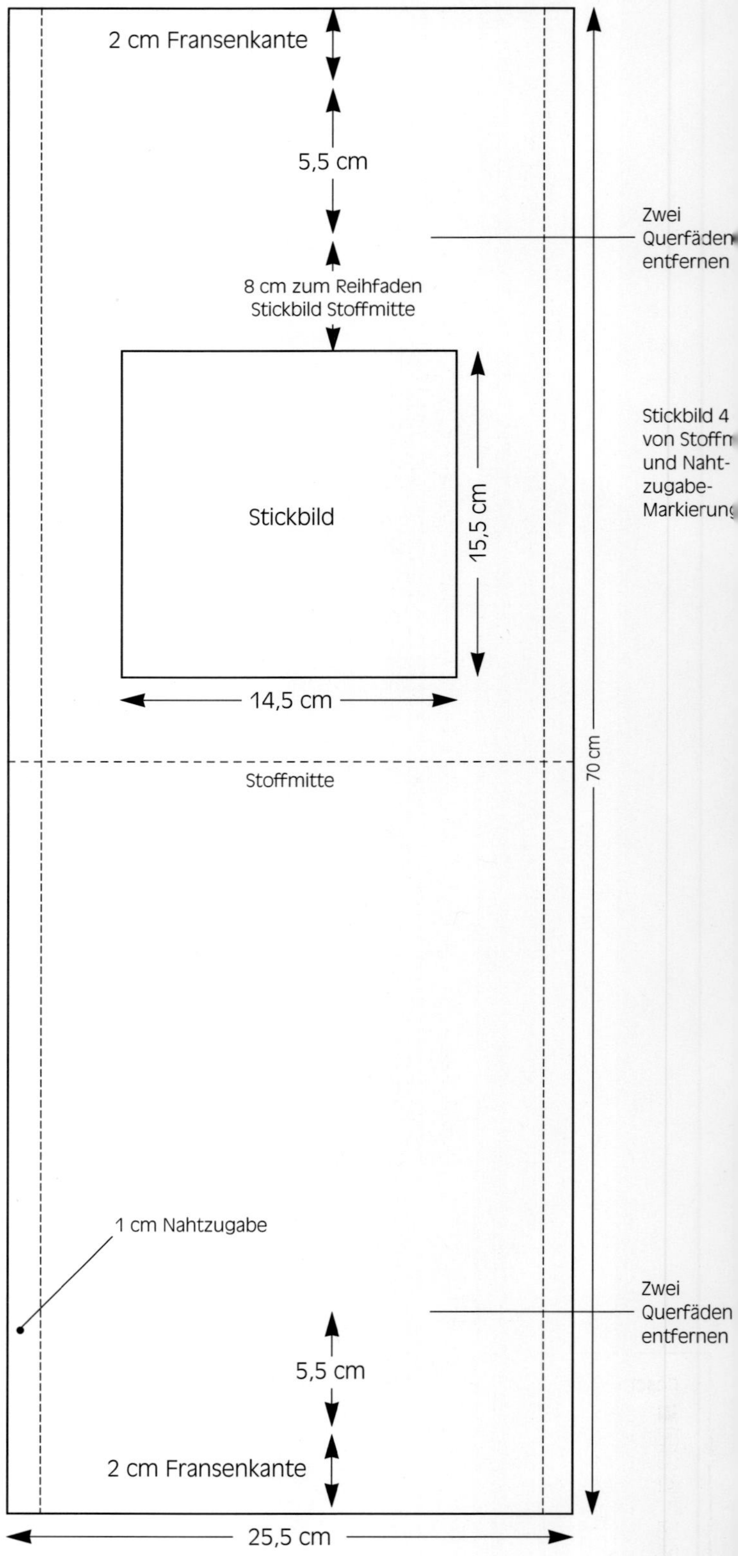

Geschenkbeutel ▲

Symbol	Farbe	DMC	ANCHOR	MADEIRA
■	Schwarz	310	403	Schwarz
•	Weiß	Weiß	2	Weiß
I	Sehr helles Perlgrau	762	397	1804
C	Mittl. Smaragdgrün	911	205	1214
	Helles Lachsrosa	761	8	0404
V	Sehr dunkles Lavendel	208	111	0804
X	Helles Avocadogrün	471	266	1501
/	Rot	666	46	0210
O	Mittl. Stahlblau	996	433	1103
	Mittl. Stahlgrau	414	400	1801

Symbol	Farbe	DMC	ANCHOR	MADEIRA
Λ	Blaßgrau	415	398	1803
=	Silberfaden			
⁚	Helles Topasgelb	726	295	0109
II	Gold	783	307	2211
●	Dunkles Königsblau	796	134	0914
◢	Goldfaden			

Rückstiche: Nasenumriß in Lachsrosa und Augenumriß in mittl. Stahlgrau

Katzen-Tablett

Wenn Gäste zum Frühstück oder zum Kaffeekränzchen erscheinen, verzaubern Sie sie mit diesem schmucken Tablett und seiner wunderschönen Stickerei hinter Glas. Sie können das Motiv aber auch für ein kleines Bild oder ein Sofakissen verwenden.

Katzen-Tablett

Material

Tablett 40,5 cm x 30,5 cm
mit ovalem Fenster (30,5 cm x 23 cm):

48 cm x 38 cm rosa Stern-Aida-Stoff (ca. 54 Stiche/10 cm)
Sticktwist in den in der Tabelle angeführten Farben
Sticknadel Nr. 24
Tablett (siehe Bezugsquellen)

Sticken

Den Stoff vorbereiten und in einen Rahmen spannen (siehe Seiten 4–5). Die Kreuzstiche mit zwei Fäden in der Nadel, anschließend die Rückstiche um die Augen mit einem Faden in der Nadel ausführen.
Die fertige Stickerei vorsichtig von links dämpfen.

Fertigstellen

Das Tablett vorsichtig nach den Anweisungen des Herstellers auseinandernehmen. Mit weichem Bleistift auf dem mitgelieferten Montagekarton an Längs- und Querseite jeweils die Mitte anzeichnen, um ihn genau auf die Mitte der Stickerei plazieren zu können. Die Stickerei mit der Vorderseite nach unten auf eine feste, glatte Unterlage legen und den Karton mittig darauflegen. Die Stoffkanten an allen vier Seiten um den Karton schlagen (gegenüberliegende Seiten zuerst). Jeweils mit einem Stück Klebeband sichern. Wenn das Stickbild genau in der Mitte sitzt, die Ecken nacheinander diagonal einschlagen und mit Klebeband fixieren. Dann die einzelnen Seiten ebenso befestigen und darauf achten, daß der Stoff gleichmäßig gespannt ist. Die aufgezogene Stickerei nach den Anweisungen des Herstellers in das Tablett einsetzen.

Tablett ▼		DMC	ANCHOR	MADEIRA
●	Schwarz	310	403	Schwarz
/	Weiß	Weiß	2	Weiß
∴	Blaßgrau	415	398	1803
C	Helles Stahlgrau	318	399	1802
II	Stahlgrau	414	400	1801
V	Helles Antikrosa	950	376	2309
X	Blasses Ziegelrot	758	868	0403
L	Helles Gelbgrün	3348	264	1409

Rückstiche: die Augen mit Schwarz umranden

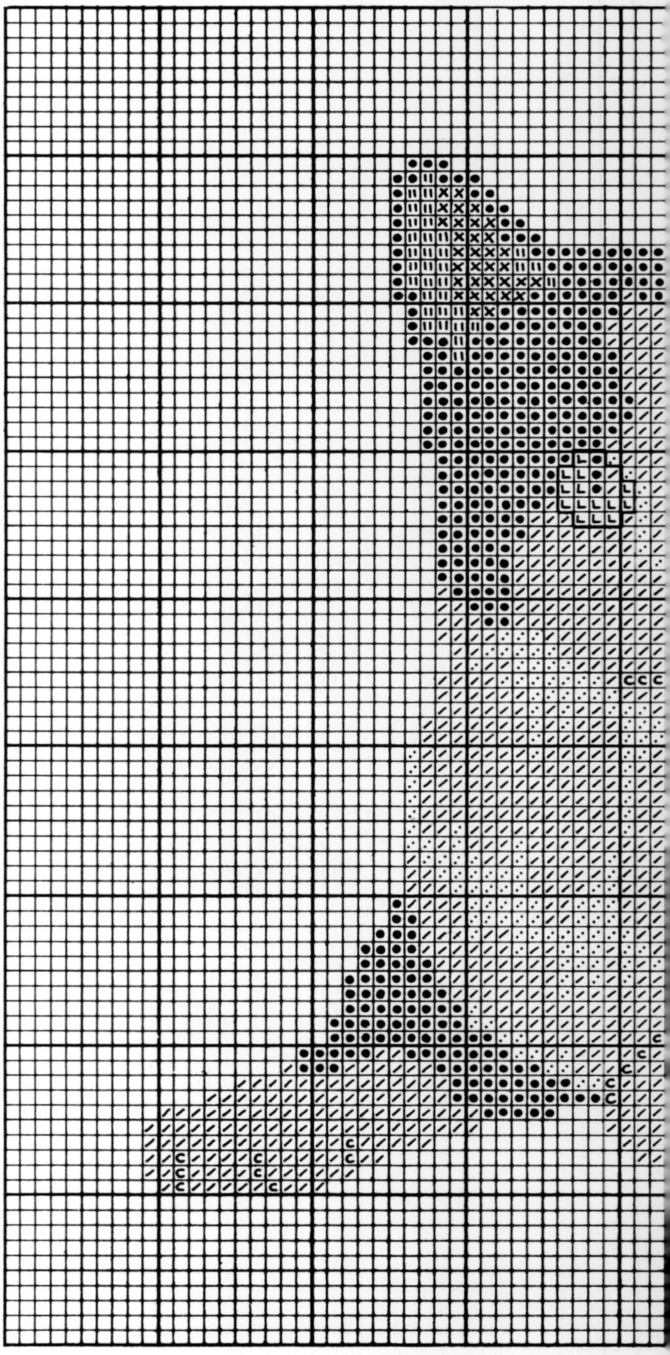

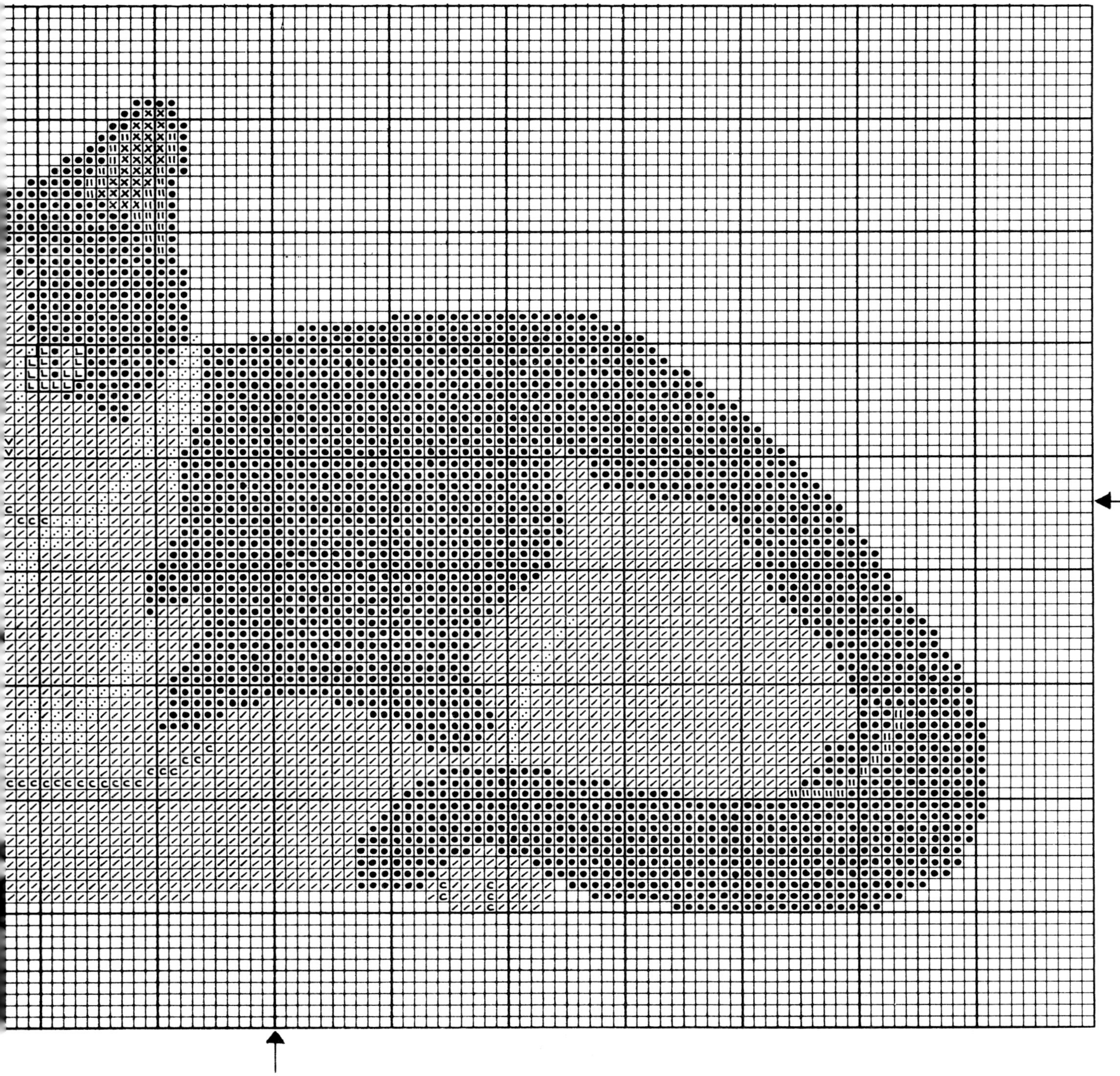

CATS

Geschirrtücher

Der für diese hübschen Geschirrtücher verwendete Stoff ist doppelseitig gemustert und hat an beiden Enden eines Rapports einen Aida-Streifen zum Besticken. Eine Stoffbreite ergibt zwei Geschirrtücher.

Geschirrtücher

Material

Zwei Geschirrtücher, je 77,5 cm x 45 cm:

50 cm Stoff mit Katzenmuster (Zweigart)
Sticktwist in den in der Tabelle angeführten Farben
Sticknadel Nr. 24
Zum Stoff passender Nähfaden

Sticken

Den Stoff zusammenfalten und bügeln, um die Trennlinie zwischen beiden Geschirrtüchern zu markieren. An dieser Linie auseinanderschneiden. Den Stoff vorbereiten (siehe Seite 4), die Mitte mit Heftstichen durch den Kreuzstich-Streifen markieren.
Den Stoff in einen Rahmen spannen (siehe Seite 5). Die Kreuzstickerei mit drei Fäden in der Nadel ausführen und jeden Stich über ein Aida-Karo führen. Rückstiche mit zwei Fäden in der Nadel ausführen. 12 mm Abstand zur ungesäumten Kante für den Saum freilassen.
Fertige Stickerei vorsichtig von links dämpfen.

Fertigstellen

Einen 7 mm breiten Doppelsaum an allen vier Kanten stecken und heften. Mit der Maschine ansteppen.
Die Bordürenmuster sind zum Kombinieren und Variieren gedacht: Sticken Sie z.B. zwischen die CATS-Aufschrift Pfotenabdrücke und stellen Sie auf diese Weise so viele verschiedene Geschirrtücher her, wie Ihr Herz begehrt.

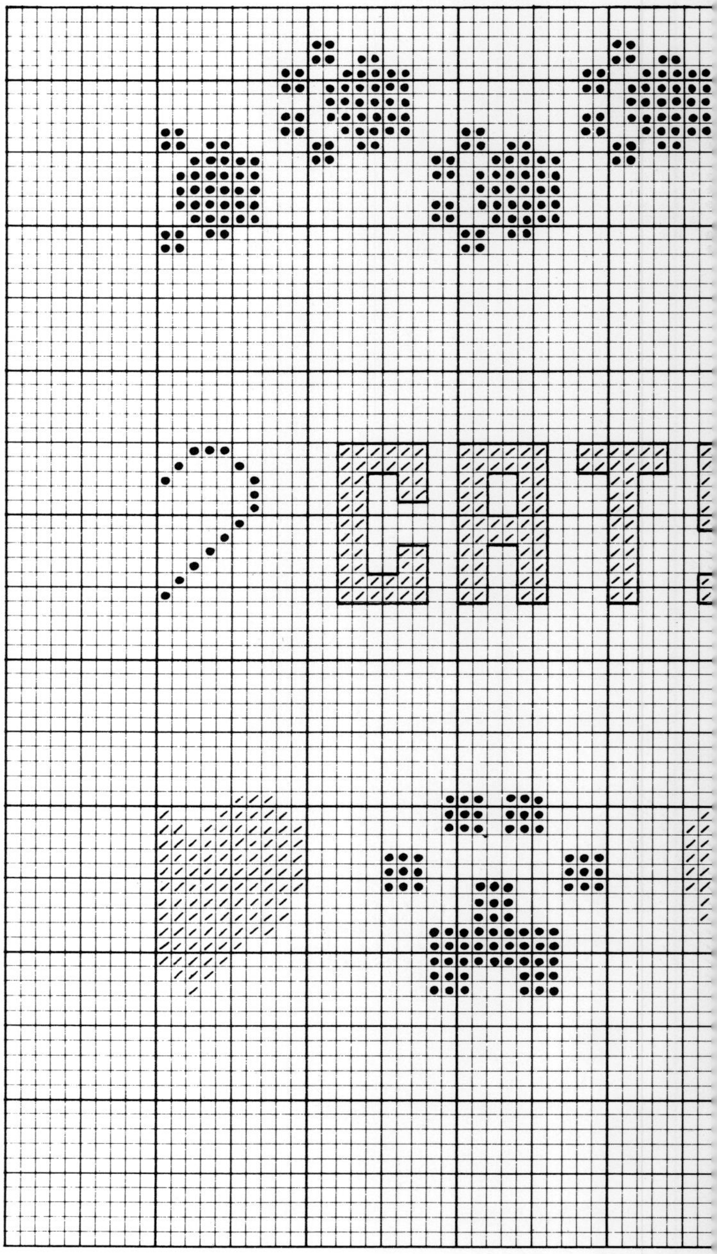

Katzen ▼	DMC	ANCHOR	MADEIRA
● Schwarz	310	403	Schwarz
◿ Rot	666	46	0210

Rückstiche: Umriß in Schwarz

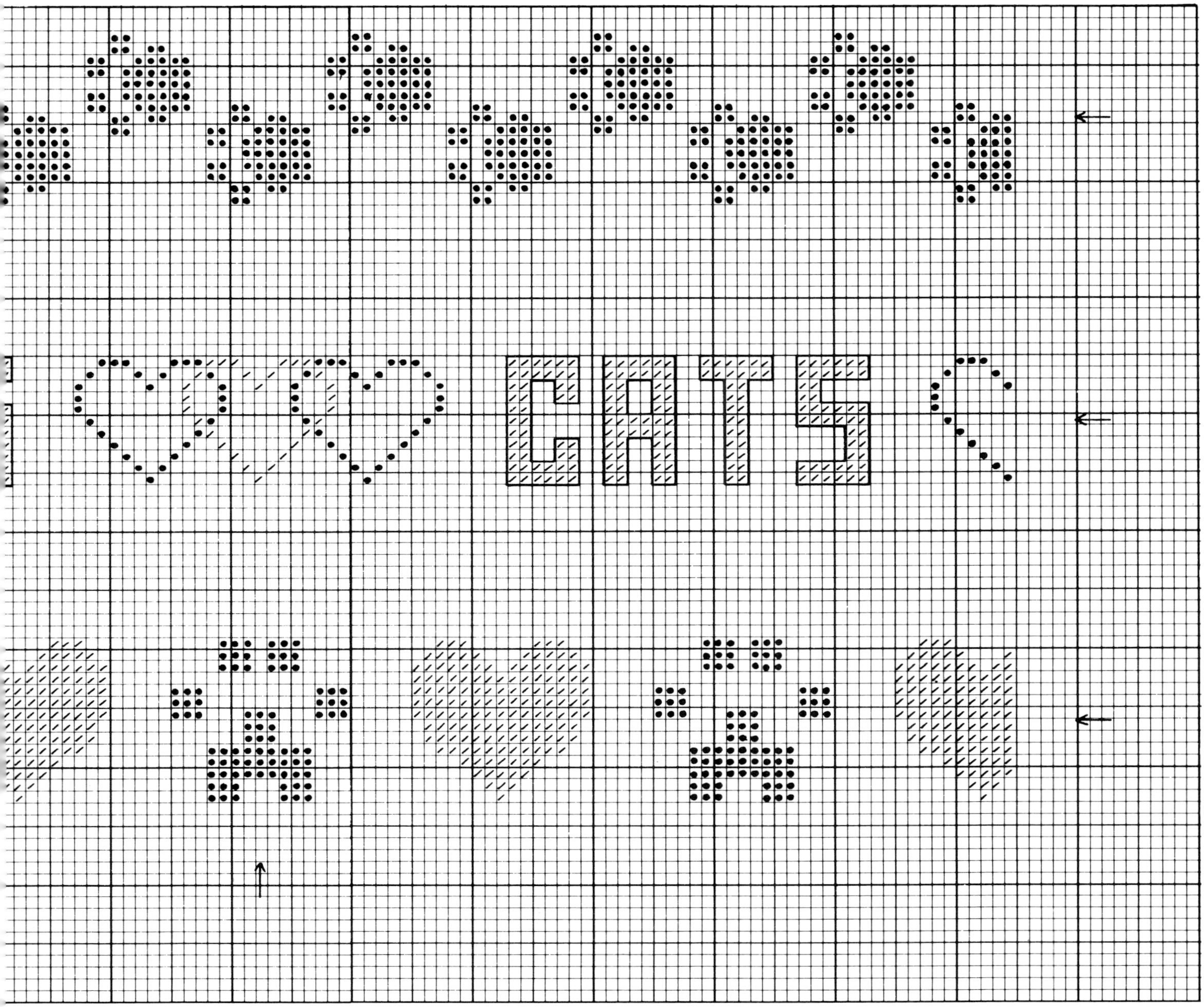

Nachthemden-hülle

Diese luxuriöse Hülle beherbergt tagsüber Nachthemd oder Pyjama. Sie ist leicht wattiert, mit Schleifen besetzt und wird von einer schlafenden Katze gekrönt. Aber auch ein Kissenbezug mit diesem Motiv sieht reizend aus.

Nachthemdenhülle

Material

Nachthemdenhülle 45 cm x 33 cm:

94 cm x 46,5 cm rosa Stern-Aida-Stoff
(ca. 54 Stiche/10 cm)
94 cm x 46,5 cm leichte Synthetik-Wattierung
94 cm x 46,5 cm leichter Baumwollstoff für das Futter
1,12 m Band, 2,5 cm breit, in einer Kontrastfarbe
Sticktwist in den in der Tabelle angeführten Farben
Sticknadel Nr. 24
Zum Stoff passender Nähfaden

Sticken

Die Stoffkanten vorbereiten (siehe Seite 4); an der Schmalseite 7,5 cm über der Unterkante eine Heftfadenlinie einziehen, um die Untergrenze des Motivs zu markieren. Eine weitere Heftfadenlinie 28,5 cm über der Unterkante anbringen; diese markiert die für den vorderen Umschlag vorgesehene Fläche. Dann mit vertikalen und horizontalen Heftfadenlinien in gewohnter Weise die Mitte des Motivs markieren.
Die Kreuzstickerei von der Mitte nach außen mit zwei Fäden in der Nadel ausführen; Rückstiche mit einem Faden in der Nadel. Die fertige Stickerei vorsichtig von links dämpfen.

Fertigstellen

Den Stoff mit dem Stickbild nach unten auf eine glatte Unterlage legen; die Wattierung vorsichtig darauf glattstreichen. Beide zusammenstecken und heften (12 mm Nahtzugabe); die Wattierung fast bis zur Heftlinie zurückschneiden und ringsum annähen.
An der Schmalseite (allerdings nicht an der Klappe) den Stoff um 12 mm einschlagen und heften. Die Vorderseite auf 32 cm rechts auf rechts falten und zusammensteppen, so daß die Tasche entsteht. Die Ecken zurechtschneiden und die Tasche wenden.
Schmalseite des Futterstoffes einfach einschlagen und wie beim Oberstoff vorgehen, aber die Tasche nicht auf rechts wenden.
Oberstoff und Futter rechts auf rechts aufeinanderlegen und um die Klappe bis knapp über die Seitennähte heften und steppen. Ecken zurechtschneiden und Klappe auf rechts wenden. Futter in die Tasche setzen und die Oberkanten mit Hohlstichen zusammennähen; dabei Umschlag nachgeben, so daß die Nahtstiche innen liegen. Heftfäden herausziehen. Band in zwei gleiche Längen schneiden; zwei Schleifen binden und schräg auf die Ecken der Klappe nähen (siehe Foto).

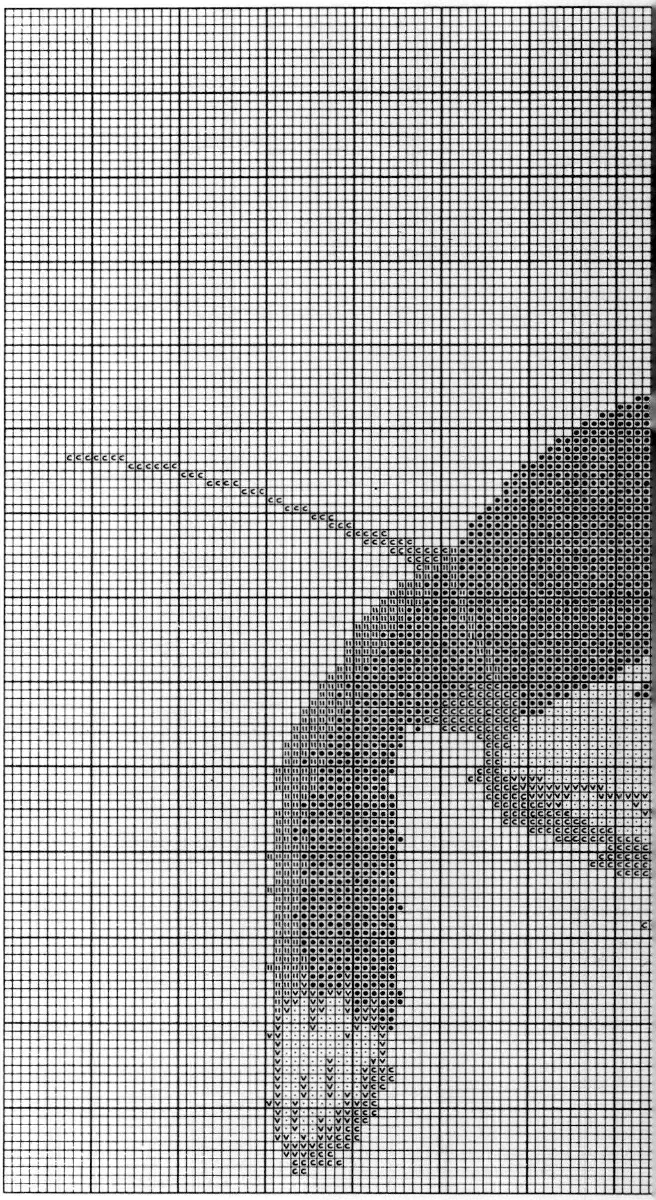

Nachthemden-Hülle ▼		DMC	ANCHOR	MADEIRA
◢	Mittl. Ziegelrot	356	329	0402
●	Schwarz	310	403	Schwarz
II	Mittl. Stahlgrau	317	400	1714
V	Blaßgrau	415	398	1803
•	Weiß	Weiß	2	Weiß
C	Braun	3064	379	2310
X	Helles Stahlgrau	318	399	1802
Λ	Stahlgrau	414	400	1801
P	Pfirsich	353	9	0304
=	Blasses Ziegelrot	758	868	0403

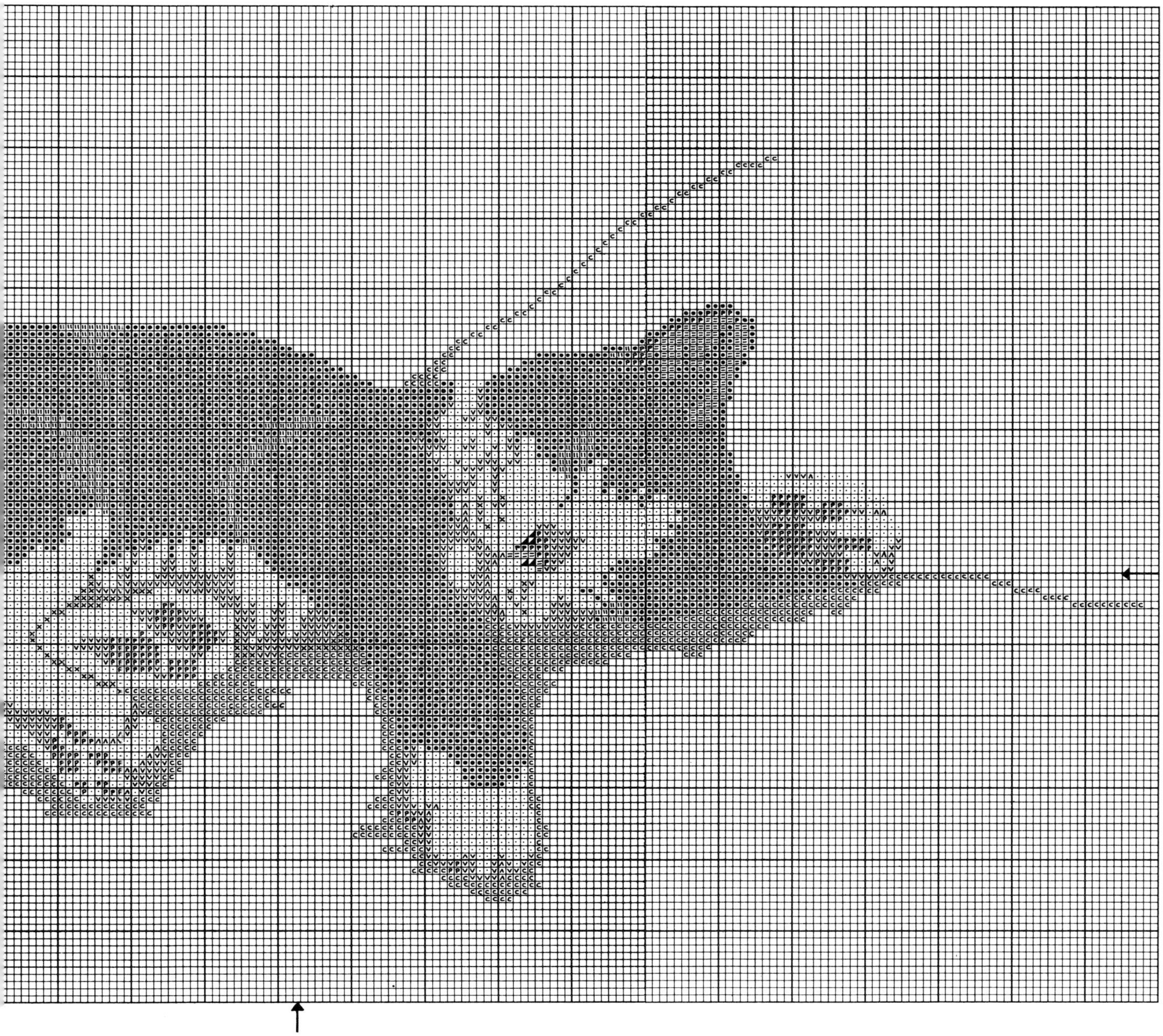

DANKSAGUNGEN

Die Autorin dankt Odette Robinson, Allison Mortley, Linda Potter, Barbara Hodgkinson, Jenny Whitlock, Libby Shaw, Lesley Buckerfield und Dawn Parmley für ihre Hilfe beim Sticken sowie Louise Wells für die Fertigstellung der Objekte.
Dank auch an DMC Creative World für Stoffe, Garn und Artikel aus dem DMC-Programm sowie an Framecraft Miniatures Ltd. für Briefbeschwerer und Tablett.

Bezugsquellen

Zählstoffe, Nadeln und Garne erhalten Sie in allen Handarbeitsfachgeschäften. Die Hersteller nennen Ihnen gerne Händler in Ihrer Nähe, wenn Sie Ihrer Anfrage einen frankierten Rückumschlag beilegen.

DMC-Garn:
Bremer Tapisserie Werkstätten
Heinz Siebert GmbH & Co. KG
Stader Landstraße 41
28719 Bremen

Anchor-Garn:
Coats Mez GmbH
Kaiserstraße 1
79341 Kenzingen

Zählstoffe:
Zweigart & Sawitzki
Postfach 120
71043 Sindelfingen

Briefbeschwerer, Grußkarten etc.:
Framecraft Deutschland
Hannelore Kopp
Bayerischer Platz 7
10779 Berlin